小四の壁を越えろ！
ライバルが知らない勉強法

中山まち子

はじめに

子育てをしているといくつかのキーワードを耳にすることがあります。二歳から三歳にかけて起きる「イヤイヤ期」。小学校就学後の「小一プロブレム」などです。その中でも小学校四年生頃に直面する「小四の壁」、「十歳の壁」という言葉は破壊力抜群のパワーワードです。小学生の子どもがいる親なら一度は耳にするのではないでしょうか。

小学四年生になると学校の学びも難しくなり、テストでも点数が取れにくくなるなど学力差が顕著になると言われています。小学生の子どもがいる家庭では四年生が近づくと塾に通うことや通信教材の利用を考えて子どもの学力が低下しないよう、テストで高得点が取れるようあれこれ対策を考え始めます。また、中学受験を考えている家庭では小学三年生の二月から中学受験に特化した塾に通い始めるのが一般的と、子どもの学力や勉強を取り巻く空気も変わってくる学年です。このように、様々な面で小学四年生は親として無視できない学年でもあります。

とはいえ、小学四年生になったから突如として勉強についていけなくなるわけではありません。巷で恐れられている小四の壁を乗り越えるには、前学年である小学三年生までの勉強との向き合い方や各教科の理解力がカギを握っています。

本書では、小学校の中でも学力グループがほぼ決まってしまう、ターニングポイントとなる小学校三年生と四年生の学習面での注意点や親ができる対策などを取り上げていきます。「小四の壁」や「十歳の壁」という言葉に対して漠然とした不安を感じ、焦りを感じている保護者の皆さんにとって少しでもお役に立てれば幸いです。

目　次

第二章　小学三年生から他の子の一歩先を行く勉強法

第三章　見逃し注意の学力低下サイン

第四章　学力差が広がる小学四年生の勉強法

第五章　子どもが勉強する意欲が湧く親の関わり方

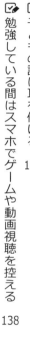

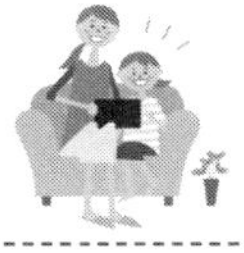

第六章　高学年に向けて家庭で意識したいこと

▶第一章◀

小四の壁ではなく小学三年生が重要な理由

一般的に小学四年生になるとテストの点数で高得点が取れにくくなると言われています。パッと見で解ける問題が減ることや、漢字の難化など確実に学びがレベルアップしてくるからです。小四の壁を心配していたら案の定、子どもから渡されるテストの点数が下がり続けている方も少なくないでしょう。低迷しているテストの結果を見るとため息が出てしまいます。その一方で、低学年の頃と変わらずに飄々と高得点を取っている同級生もいます。

そういう子がいると親としてはなんとも羨ましい気持ちになりますが、「四年生になると差が出るのは本当」「もう勉強でつまずいている」と子どもの学力低下を目の当たりにして焦り始める方もいます。しかし、本当に小学四年生でいきなり潮目が変わるように学力の伸び悩みや学力差が出るのでしょうか。実は、突然成績が下がるのではなく、四年生以前の段階で子どもが学んだ単元が理解不足になっているなど何かしらの問題を抱えていることがほとんどです。

挽回するために勉強する時間を増やせば済む話ですが、勉強意識の差はもちろんのこと四年生の学びはより難しくなります。そして、学校生活に目を向けてもクラブ活動や六時限授業が増えて、下校時間は遅くなり勉強時間の確保も簡単ではありません。たとえ苦手科目があっても、勉強時間を費やすことが難しくなります。小学三年生の総復習に時間を費やすこともできず、かといって現在進行形で学んでいる単元もすぐに理解できず、そうこうしているうちにテストが行われ慌ただしさが加速します。苦戦していると自覚しているけれど、復習を先延ばししていれば知らず知らずのうちに理解していない単元が増えていきます。こうして特定の教科に対して苦手意識を持つようになり「どうやって克服しようか」と悩んでいたら、あっという間に高学年が目の前に近づいてきます。

さらに、勉強する子に変身させるのは思う以上に難しく、親にも粘り強さと根気強さが求められます。親は小学四年生が分岐点のように考えてしまいますが、小学四年生から巻き返しを図るよりも三年生の学びを軽視しないことのほうが壁を乗り越える上で非常に重要です。小学三年生までに諸々の問題を解決していくことは、結果として小四の壁対策にもなります。

第一章ではこうした視点を持ち、**小学三年生がいかに重要学年であるかを説明していきます。**

低学年と高学年をつなぐ学年

かつて小学校の学年の区切りは小学校一年生から三年生を低学年、四年生から六年生を高学年と二つに分けるのが主流でした。親世代の多くでは低学年と高学年の分け方の二通りしかなかったと思います。かくいう私の小学生時代もそうでした。高学年という称号を得ると、小学校の中でも特別な存在になった気がした方もいることでしょう。大まかに言えば「低学年は教職員や高学年から守られる」、「高学年は責任感を持って動く」と捉えられていました。

しかし、今の学校現場ではさらに分けることも珍しくありません。小学一年生から二年生を低学年、小学三年生から四年生を中学年、そして小学五年生と六年生を高学年と子ども達の成長段階を三つのグループに分けています。低学年では自分中心で考えて、荒っぽい行動をしてしまう未熟さがありますが、中学年になると校外学習などで班別行動を通じて他者との協力を通じて自分の役割を考える機会が増えていきます。こうした段階を経て、リーダーシップを発揮する高学年へと進級していきます。

近所や知り合いの小学生を久しぶりに見かけると、小学三年生から四年生にかけて体の成長スピードも速く「いつの間にこんなに大きくなったの？」と驚くことも多々あります。そして小学三年生は親世代から見る低学年と考えてしまうこともありますが、心身ともに子どもから青年期へと歩んでいる第一歩を踏み出す年頃です。学校のテストで悪い点数を取ったらそのことを口にしなかったり、学校の話をしなくなったりと明らかに幼児期や低学年の頃と違う言動が目立ってくるようになります。

また、学習面でも理科と社会が加わり、算数ではわり算を学んで四則計算の基本をすべて習ったことになります。小学校三年間で計算の基礎を学び終えることを意味し、四年生からは本格的に小数や分数の領域を学ぶようになります。このように低学年で学んだ足し算や引き算、かけ算の発展的な内容を三年で学びつつ、四則計算の土台をしっかりと形作り高学年へと橋渡しするカギとなる学年です。

そして、学校行事に目を向けても低学年での遠足から校外学習に切り替わり、社会科と結び付けた遠出や調べ学習と団体行動に慣れるなど、低学年から高学年へとつなぐ重要な学年という立ち位置にあります。そして、子どもも他者と自分の違いを意識するようになるだけでなく、運動能力や学力の個人差が目立ってきます。

無邪気に過ごしていた日々から子どもながらに色々と悩み葛藤するようになり、ほんの少しずつ「子どもらしさ」が消えていく年頃です。良いほうに成長していけば問題はないのですが、劣等感を抱いて「頑張ってもあの子には勝てない」と最初から諦めてしまう子も出てきます。努力の大切さは分かっていてもそれをやり遂げるだけの意欲が湧いてこない子もいれば、目標達成に向けて努力できる子と色々な意味で個性が出てくるタイミングです。

振り子時計のように心情が揺れ始める学年である一方で、親も子ども自身もどちらかといえば低学年の延長戦といった感覚のままということも珍しくありません。のびのび育てることをモットーとしている親からすれば「まだ小学三年生」です。その一方で、中学受験を考えている親にとっては「受験に備えないと」「塾選びをしないと」と中学進学に向けて動き出すタイミングでもあります。小学三年生の捉え方が各人、各家庭で異なるため遠回しに学力差の引き金にもなりやすい学年です。

小四の壁が迫りながらも、勉強に関しては低学年という感覚で過ごしてしまいやすく、「まだそんなに学力差は出ない」と思っていると子どもの苦手科目や単元の克服に着手するタイミングを逃してしまいます。読者の皆さんを焦らせるつもりはありませんが、**低学年と高学年の橋渡しをする親が思っている以上に気にすべき学年**です。**家庭でも学校の勉強を理解しているかどうか確認をし、家庭学習を導入するなど早めに対策をして**あっという間に迫って来る「小四の壁」を乗り越えられるだけの学力を身につけることができるようにしましょう。

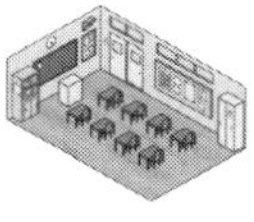

習う漢字が一気に難しくなる

小学三年生の学びで一番気をつけなければいけないのは漢字です。一年生の時のたし算の繰り上り、引き算の繰り下がり、二年生の九九のように親が「これに気をつけなければ」という目玉となる単元が見当たらない学年です。しかし、三年生を境に漢字は出来不出来の個人差が顕著になります。三年生がターニングポイントとなるのは、習う文字数が増加することも理由の一つになります。

学校で学ぶ漢字の数は現行の学習指導要領（２０１７年３月告示）で以下の通りになります。

・一年生　80文字
・二年生　１６０文字
・三年生　２００文字
・四年生　２０２文字
・五年生　１９３文字
・六年生　１９１文字

小学校六年間で1026字を学びますが、一番多くの漢字を覚えるのが小学三年生と四年生になります。一年生では身近であり基本となる80字の漢字の読み書きを学び、二年生ではその倍となる160字の漢字を習うことになります。しかし、二年生で習う漢字も一年生の漢字と同様に普段の生活で目にすることの多い字ばかりです。それが三年生になると覚える文字数、そして画数の多い漢字が増えて一気に難しくなります。習う漢字が増えれば同じ読み方をする漢字が複数出てくることを意味しますし、習ったばかりの時に宿題で練習しただけで漢字を完璧に覚えることはなかなか難しいです。

あやふやなままだとテストのたびに「この読みの漢字はこれかな？」と確実に覚えている漢字の中から読みで当てずっぽうに書いてしまい、テストの点数も下降していきます。例えば、「反省会をする」が正解なのに「半生会をする」と書いてしまうなど「読みの音」だけを頼りに書いてしまう子もいます。

実は漢字は小学三年生が分岐点と強く感じるようになったのは、私が塾で仕事をしている時にある中学生の生徒と出会ったのがきっかけです。

「国語が苦手でなんとかしたい」ということで個別指導塾にやってきたその生徒はマイペースだけど明るく、口数も多くすぐに担当者である私に打ち解けてくれました。国語の中でもどの分野が苦手なのかを把握するために物語文と説明文といった読解問題を一通り解かせてみました。読解力にも難があることが分かりましたが、それ以上に漢字が書けないことが判明しました。国語でよくある「二十五文字以内にまとめて書きなさい」という問題もひらがなが多く、漢字で書いている字は小学校低学年で習ったものばかりでした。

入塾したのが中学一年生の秋。受験学年になるまで一年半の猶予期間があります。入試で答案を書く際、誤字脱字はもちろんのこと小学生時代に習った漢字をひらがなで書くのは印象が悪くなりますし、漢字指定がある場合には減点または点数をもらえません。このままでは他の教科にも影響するため、壊滅的な状態を脱する必要があると判断した私はその生徒がどの学年の漢字なら書けるのかチェックテストを行いました。

本人も「漢字は苦手」と自覚しているくらいです。中学で習った漢字はお手上げ状態なので小学六年生から順に下って読み書きの理解度を確認していきました。読みはなんとかなりましたが、五年生も四年生でも漢字の書きの正答率が低いままです。「まさか三年生も?」と恐る恐るプリントを渡して解かせましたが、小学三年生の漢字の書きは正答率が5割いくかどうかというレベルでした。不安を覚えた私は小学二年生の漢字の読み書きテストをやらせると、今度は別人のように高得点を叩き出したのです。読みは完璧で書きもほぼノーミス。

中学一年生が小学二年生の漢字をほぼ完璧に理解するのは当たり前のことかもしれませんが、中学生の時点で小学校漢字もまともに書けない生徒は難しい立場にいます。なぜなら忙しい中学校生活を送りながら他の教科も勉強しつつ、小学三年生からの漢字をすべて復習して定着する必要があるからです。

この他にも漢字を苦手とする生徒を担当する機会が何回かありましたが例外なく「小学三年生の漢字から正答率が低くなる」という傾向があり、**小学三年が漢字が苦手かどうかの大きな分岐点**であると感じました。また、私の三人の子ども達を見ていても小学三年生から漢字の再テストが行われるようになりました。今の小学校では漢字テストの前に事前に答えを配布するのが当たり前になっています。そのため、基準点をクリアできず、子ども本人が「漢字が分からない、覚えられない」と口にした場合はかなり深刻な状況です。

算数では文章題が考えさせる学びとなっている

算数は学年が上がると苦手意識を持つ子が増えると言われる科目ですが、小学一年生から三年生の間はまだ計算問題のように目で見て考えて答えが導き出せる単元が多いです。しかし、小学三年生では桁が多い計算などに取り組むため複雑化し、それに伴い子ども達も学力差を感じることが増えていきます。算数の計算力はクラス内で「あの子はできる」「あの子は苦手」と子ども同士で認識しやすい特別なスキルです。親としては「計算力をつけたい」「計算スピードを鍛えたい」と望んでしまいがちですが、現在の公教育は親世代の頃とは学びの質が変わっています。

現在の学習指導要領はすべての教科で「思考力・判断力・表現力」を柱としており、その方針は当然ながら算数の学びにも影響を与えています。私の三番目の子どもは小学校に入学した時点ですでに学習指導要領が改訂されていたこともあり、教科書も授業内容も新学習指導要領仕様で学んでいます。途中で学習指導要領改訂となった二人の子ども達とは異なり、低学年でも計算を解くだけでなく文章を読んで式を書くことが増えています。

算数の宿題で「この計算式に合う文章はどれか選びなさい」というプリントを小学三年生の末

子が持って帰ってきた時は、私だけでなく長子と次子も大変驚きました。一問につき文章題が三つあり、それをしっかり読まないといけません。例を出してみると以下の通りになります。

式「12－3＋4」に対して以下の文章から合う文章題を選びなさい。

①公園で十二人の子どもが遊んでいました。三人の子どもが家に帰りました。しばらくしてから子どもが四人やってきました。今、公園には何人の子どもがいますか。

②公園で十二人の子どもが遊んでいました。そこに三人の子ども達がやってきましたが、しばらくすると四人帰りました。今、公園には何人の子どもがいますか。

③公園で十二人の子どもが遊んでいました。そこに三人の子ども達がやってきました。しばらくすると四人の子ども達がやってきました。今、公園には何人の子どもがいますか。

問題自体は難しいものではないので冷静に読んでいけば「この式」と選ぶことはできます。しかし、文章の長さに面喰ってしまうと正しく読むことができません。このように「文章を読んで考える」という思考力や読解力はもう少し学年が上がってから求められるスキルと思われていますが、今では低学年から文章題に取り組み、三年生になるとさらに長い文章題にも触れるようになっています。

もちろん公教育なので取り組む問題自体は難しいものではありませんし、ひな型となる問題を繰り返し解いて理解定着をはかります。けれど、文字を読むスピードは普段の読書習慣で差が出やすく、国語力の違いが算数の理解力や問題を解く速さに影響を及ぼすようになっています。

そして、親世代との算数の学び方と異なるのがＩＣＴ機器の存在とグループ活動です。ノートパソコンやタブレット端末を使って四則計算の仕組みを学ぶことや、先生が準備したデジタル教材を電子スクリーンや電子黒板に映して視覚を通して理解を深めていくようになっています。グループ活動と算数はなかなか結びつかないかと思いますが「どうしてこういう式になるのか」「他の考え方はないか」と議論をし、お互いの意見を聞きながら友達の考えと自分の違いを認め合う授業も行われています。私も子どもの授業参観で算数の授業を何回か見ましたが、先生が板書をして説明をして問題を解くという昭和的なスタイルからは脱却しています。

あまり変わっていそうにない公教育でも確実に変化し、先生の一方通行の授業というイメージが強い算数でもアクティブラーニングが行われています。これは時代に即した学び方ではあります。けれど、別の見方をすればその場の雰囲気も影響して子どもが「分かった」と勘違いし、復習をせずにそのままにしている可能性も否定できません。理解した時に「分かった！」と感じる喜びは大切です。しかし、しっかり定着させるにはどんなに時代が変わっても問題を解いて間違えて、どうして間違えたのかを考えてみて再度問題を解くという作業を繰り返すなど地道な取り組みが必要です。

小学三年生の算数は目玉となる単元が少ないことから「わり算をちゃんと理解してくれればいい」「算数嫌いになる子が増えるのはこれから」と思わず、親の頃とは劇的に変化している学校の学び方を理解して、我が子が学校で習ったことをちゃんと理解しているかどうか確認しておく必要があります。小学四年生以降で学習する小数や分数のように目で見てすぐ答えが出せない抽象的な計算や、公式を覚えないと答えを導き出せない図形領域を学ぶ際に「分からない」「テストで高得点が取れない」と子どもが悩むことになるので、三年生の学びを軽視しないでください。

新たに理科と社会を学び始める

　小学一年生と二年生では理科と社会の要素が混じっている生活科を学び、三年生になると理科と社会に分かれて専門性の高い内容を学ぶことになります。三年生では難しい用語は覚えることはありませんが、理科では自然や植物など身近なテーマを取り上げて様々な事象の変化を学び、何がどうなっていくのかを考えさせて理科の土台でもある観察する力をさらに鍛えていきます。

　一年生の頃の生活科のアサガオ観察、二年生のミニトマトなどの野菜を育てながら「花が咲いて実がなって」という変化を学んできたのを、さらに一歩進んだ内容で学ぶことになります。一学期は生活科の延長的な内容で植物や昆虫の体のつくりと子どもにとって身近な存在を取り上げていきます。そして、学期が進んでいくと太陽の光、音の伝わり方やゴムの働き、磁石や電池など早くも物理の基本となる単元を勉強することは注目すべき点です。

　三年生の理科は教材キットを使用した体験型の学びもあり、子ども達にとっては勉強という感覚が乏しく「楽しい教科」になります。しかし、学年が上がれば当然ながら覚えることは増えて内容も難化します。高学年の理科と三年生の頃に勉強した理科とのギャップは大きい分、親も「理科は楽しいみたいだし、このままでも大丈夫そう」と甘く考えてはいけません。

一方、社会では一学期の初めに小学校付近や住んでいる町の地形を学ぶところからスタートします。方位磁石の扱い方や地図の見方を授業で学び、地図記号をその時に覚えます。親世代でも「そういえば住んでいる町の地図を作成した」という記憶がある方もいることでしょう。今の子ども達も昭和や平成初期の子ども達と同じように「みんなで地図を作って地図記号を覚えて方位を調べる」という作業を授業で行っています。暗記科目という印象が強いですが、小学三年生時点では理科同様に参加型で楽しく学ぶ要素が強いです。

単元が進んでいくと地域のスーパーマーケットの見学や特産物を作っている工場に見学に出かけるなど、生活に密着している働く人の役割を学びつつ集団行動や班別行動といった調べ学習の機会も増えます。高学年になってから勉強する歴史や地理に比べると覚えなければいけない用語は少ないです。しかし、「社会」という教科を通して調べ学習のスキルや人前に出て発表すること、そして五年生での野外活動、六年生での修学旅行に繋がる学校外での団体行動の経験を積むため、低学年の頃の生活科とは明らかに立ち位置が変わってきます。

理科と社会に分かれて勉強する最初の学年は学習内容を踏まえると、わざわざ市販の教材を買わなくても良さそうと感じてしまうくらい厚みはないかもしれません。しかし、それまで生活科の一教科だったものが二教科になるのですから、その分テストも増えます。学校で出される日々の宿題は国語の漢字と算数のプリントがメインで社会と理科の宿題が出されることは滅多にありません。両方の教科ともに子どもの関心の差がテストの点数に出やすく、関心がなく学校の授業で学んだだけの子は勉強したことをすぐに忘れてしまい、高得点を取るのは難しくなります。

テストの出来不出来は芽生えつつある子どもの自尊心を傷つけることもあります。何回か悪い点数を取ってしまえば「自分は社会とか理科は苦手」と思い込んでしまいます。

小学校の主要科目のうち国語と算数は多くの親がテストの点数を気にして成績が低下していればドリルや問題集の購入の検討、学習系の習い事に入るかどうか考えます。しかし、理科と社会の点数が悪くても国語と算数ほど深刻に考えず「教科書をよく読もう」「テストの見直しをしなさい」といった声がけをしてしまいます。

理科と社会のスタートは、身近なテーマを扱う単元が続くため親子ともに気が緩んでしまいます。その一方で、二つの教科に関する学習漫画などをすでに読んでいる子は知識を吸収し、漫画を読みながら先取り学習をしています。小学三年生では差が出にくいけれど四年生、五年生と学年が上がるにつれて知識差が目立つ教科なので「まだまだこれから」と思わずに学習漫画を準備するなど早めに家庭での対策をしていく必要があります。

早くも反抗期に突入する子もいる

子育てには「これ」という答えがなく、いつも手探り状態です。子どもが成長すると少しずつ自立していると実感する瞬間が増えていきますが、喜びや嬉しいことばかりではありません。とくに反抗期に突入する子どもとの関係性に深く悩み、心が傷つくこともあります。

一般的に反抗期と思春期は小学校高学年から中学生、高校生の期間とされます。しかし、心の成長は体の成長と同じように個人差があり早い子は小学三年生頃から反抗期に入ります。放課後も友達とつるんで遊びに出かけるなど団体行動が目立ち始め、親よりも友達の存在感が増してくるなど「親＝口うるさい大人」と感じるようになります。つい最近までニコニコと笑顔で話をしてくれた我が子が急に口数が少なくなり、声をかけても「うるさい」と返すことが増えれば親としては不安を感じ、育て方が悪かったのかと思い詰めてしまう方がいても不思議ではありません。

私が塾で仕事をしている時にも小学三年生の塾生の保護者との面談の際に「うちの子、家では口数が減っていますが、塾ではどのような様子で授業を受けていますか」と聞かれたことがあります。塾では特段変わった様子はなかったのでその旨を伝えつつ、家の外では変わらないけれど親に対してたてつくような年頃になったのだと少しばかり驚きました。

面談が終わってから最初の授業で何気なくその生徒に「最近お母さんとかお父さんとどこか出かけたりした？」と声をかけてみたところ「出かけるけど、とくにお母さんが色々とうるさいから面倒」という言葉を口にしたのです。

その子のお母さんは教育に関心はあるものの、教育ママと呼ばれるほど強烈に勉強させたがる方ではありませんでした。それでも、子どもにとっては日頃の母親からの小言や子どもを心配してかける言葉が少し煙たく感じるようになったのです。

反抗期に入ると親の言葉を素直に受け入れませんし、真逆のことをやろうとする子もいます。親のほうもこれから小四の壁がやって来るというのに勉強もせずにダラダラと過ごして遊んでばかりいる様子を見ていると、つい「勉強しなさい！」と小言が口から出てしまいます。

親としては我が子が勉強についていけなくなるのではと不安に感じて愛情を持って叱りつけているのですが、子どもは「うるさい」としか受け止めません。親子の心が行き違いしやすい時期に入るので「反抗期なんてなければいいのに」「すごく面倒」と思う親がほとんどだと思います。けれど、反抗期は自立心が芽生えている証拠であり子どもの心の発達にプラスになると考えられています。

小学三年生頃に反抗期に足を入れてしまうと、子ども本人も自分のモヤモヤする気持ちを上手く伝えることや、どう処理すればいいのか分からず、さらにイライラして親と衝突するなど負のループに陥ることもあります。どの家庭でも平穏無事に過ぎた低学年とは打って変わり、嵐のような小学三年生になる可能性があるのです。とくに中学受験を考えている家庭では小学三年生の二月から受験に特化した塾の新クラスがスタートするため、もし子どもが反抗期に突入してしまったら、しっかりと子どもの意見を聞いて中学受験までのロードを確認し双方が納得した形で始めることが必要です。

子どもの意思を無視して無理やり勉強させる、受験させると反抗期を飛び越えて親を軽蔑し、親子関係に亀裂が入ったまま修復もできずに子どもは成長することになります。そのような事態にならないためにも、日頃からの親子の会話を心がけましょう。**子どもの心の変化をキャッチして「そろそろ反抗期に入りそう」と感じたら、距離感を変えて成長を見守るスタンスに切り替えるなど、臨機応変な対応が求められてきます。**

小学三年生だとまだまだ子ども扱いしてしまいますが、確実に心は成長しています。永遠に子ども時代が続くわけでもないので小学三年生頃から反抗期に入ったら「面倒なこと」と思わずに**真剣に子どもと向き合い、自立する手立てを考える**ようにしてください。

学力グループが少しずつ固定してくる

学力差が目立つのは小学四年生以降の話と思われていますが、実際には小学三年生頃から徐々に固定しています。親が「あれ、学力差が出ている」「テストの点数が取れなくなった」と気がつくのが小学四年生であって、静かに学力グループが形作られているのです。

巷で騒がれる小四の壁に気を取られてしまい、小学三年への注目度はさほど高くはありません。

学力グループが形成されていくのに重要なポイントがいくつかあります。塾で出会った様々な学力グループに属する生徒達を見ていても、各スキルが高い子ほど学力が高く、それは園児でも高校生でも関係なく各年代で傾向が一致していました。

- 語彙力
- 集中力
- 文字を書くことに抵抗感がない
- 読書量

・聞く力
・やり抜く力

知力、学力の高い子ども達は幼児期から語彙力や集中力があり本を読む習慣がありました。問題が分からない時に先生の説明を聞く力、間違えを嫌がらずにもう一度取り組むやり抜く力は勉強する上で無視できないスキルです。

そして「文字を書くことを嫌がらない」という態度は幼児や低学年の頃に個人差が出ていて、文字を書くのを面倒に感じる子は取り組む問題数も自ずと少なくなっていました。文字を書く動作は、幼児期のクレヨンなどの色塗りを経て鉛筆を持って字を書くと発展していきます。保育所や幼稚園などでは制作の時間があり、平等にクレヨンや色塗りをする機会が設けられています。そのため、親の子育ての考えの違いで経験差が生まれます。小さい頃にお絵描きや色塗りをする機会が多い家庭と少ない家庭で「鉛筆のようなものを持つ回数」の差が生じ、文字を書くことへの抵抗感に繋がると塾で生徒を教えていて強く感じたことがあります。

こうした小さな積み重ねで仕上がっていった差が小学三年生頃までには熟成され、爆発的に目立つようになるのが小学四年生以降という流れになります。いくら小学四年生をピンポイントで気にしても、それ以前の問題なのです。テコ入れするには小学三年生の間に対策を講じないと子どもが属する学力グループが決定し、脱出するのも難しくなります。

とくに現行の学習指導要領では思考力や判断力そして表現力を鍛える学びとなっており、会話力や語彙力そして相手の話を聞く力などが高い子ほど、授業や委員会活動など様々な場面でより活躍できる時代になっています。前記で上げたスキルが未熟だと低学年の頃から学力上位層との違いを感じやすくなってきます。子どもの意欲を引き出そうとしても、同級生との差に気がついた子どものやる気を育てるのは一筋縄ではいきません。塾通いをさせて問題解決を図ろうとしても勉強するのは本人です。いくらお金をつぎ込んでも、親がガミガミ叱っても必ず子どもが勉強をするとは限りません。

親が思う以上に早くに学力グループが形作られていくので、子どもの語彙力や聞く力、集中力などがどの程度なのかを客観的に判断してみましょう。他の子と比べるのは基本的によくないことですが、こうしたスキルの違いは他の子と一緒に過ごしているところを見ないと分かりません。時間がある時に子ども同士で遊んでいる様子を見たり、習い事を見学してみたりと「うちの子のリアルな様子」を確認してみてください。

日常的に学童で過ごす最終学年になる可能性が高い

共働き世帯の小学生の子ども達は放課後、学童保育として学校の敷地内または近隣にある「学童クラブ」で過ごすことが多いです。近年は共働き世帯の増加の影響で学童クラブに所属する児童の数も増えています。制度上は小学六年生まで利用可能なのですが、施設の規模などで利用人数に制限をかけて低学年の子が優先されることや自治体によっては利用する学年の上限が決まっているケースあります。厚生労働省の「令和４年（２０２２年）放課後児童健全育成事業（放課後児童クラブ）の実施状況」からも、小学四年生～六年生の利用者数は２割を下回っています。

小学四年生からクラブ活動、学校によっては委員会活動も始まるので下校時間も遅くなります。遅くなってから学童クラブで過ごすよりも家に帰りたい子や、低学年の子に囲まれて過ごすよりも近所で友達と遊びたがる子も増えます。このように小学三年生が学童クラブ最終学年となる可能性が高く、放課後をどのように過ごすかを三年生の間に決める必要があります。

学童クラブを利用していた家庭にとっては、平日の過ごし方だけでなく夏休みのような長期間の季節休暇の居場所作りも考えなければいけません。「今日から学童保育ではなく家で過ごしてね」といきなり切り替えることは無理があります。一年間かけて学童クラブの代わりとなる安全な過ごし方を親子で話し合いをしていき、平日に新たに習い事を始めたり、夏休みは祖父母宅で過ごせるかどうか確認したり、職場に勤務時間の変更を相談するなど事前の根回しがカギとなります。

学童クラブを辞めた子ども達にとって、職員の目が行き届く範囲で過ごしていた放課後から一気に自由な身となります。友達同士が集まって遊びに出かけると時には大胆な行動をすることもあり、何も決めてないまま学童クラブを卒業してしまうと危険と隣り合わせになります。一年かけて留守番をしている時のルール作りはもちろんのこと友達と遊ぶ時のルールを作り、キッズケータイやスマートフォンで定期的に連絡をするよう何度も何度も言い聞かせて、学童クラブ卒業に備えなければいけない学年です。

また、親が帰宅するまでの時間は習い事などがない限り自由に過ごせます。その時間で学校の宿題に取り組ませ、家庭学習や塾の宿題に取り組ませるのが理想的です。しかし、親の目がない中でゲームや動画視聴そして友達と遊ぶという誘惑を断ち切って勉強するのは難しいものがあります。「勉強しなさい」の一言で子どもが勝手に勉強してくれればどんな親も苦労はしません。現実は「勉強する・勉強しない」の激しいバトルが繰り広げられます。

子どもが自制心を持って勉強に取り組めるようになるにはどうしても時間を要します。児童クラブで「周りの子がやっているから仕方なく」と宿題に取り組んでいた子が、家でしかも自分一人で勉強できる子に変身できるかどうかは小学三年生で決まってしまいます。これは決して大袈裟なことではなく、やはり小学三年生以上になると子どもの自我が芽生えて親の話や指示を素直に聞けなくなるので「これまでやってこなかったことなんかやりたくない」という気持ちが強まり、反抗しがちになります。

学童クラブ卒業が決定的なら小学校三年生の一年間で「放課後安全に過ごせるよう危機管理能力を高め、学校の宿題や家の勉強を自分からできる子」に仕上げる必要があります。言葉で言うのは簡単ですが、実際にやってみると親子で衝突し、双方の言い分をまとめるのに苦労します。「まだ三年生だし」と片付けず、小学四年生に待ち構えている現実的な問題解決に向けて動き出さなければいけない学年です。

▶第二章◀

小学三年生から他の子の一歩先を行く勉強法

学力差が少しずつ気になる小学三年生。これから先はどんどん学力差が目立ってきて、何もしなければ先頭を走るクラスメイトに水をあけられてしまいます。三年生の間に先頭集団に滑り込む、またはリードするにはどうすればよいのでしょうか。

より良い点数を取るのを目指すのならば単に学習時間を増やすだけでなく、一つずつ子どもの課題を見つけて改善していくことが必要になります。親としては小学校最初の二年間の勉強で理解が足りない教科や単元があることに驚くかもしれませんが、知らず知らずの間に「分かったつもりの単元」が存在しているのは珍しいことではありません。

こうした単元を見つけて克服するのは短期間で結果が出ることはなく、地道に諦めずに学力向上を目指していかなければいけません。子ども本人だけでなく、勉強させるよう誘導しサポートをする親の忍耐力も求められます。努力は裏切りませんが、努力をし続けられるかどうかがすべてです。

第二章では小学三年生から「他の子よりもできる子」を目指す上で大切な、家庭学習の進め方などを取り上げていきます。小学一年生から三年生までの間に子どもも本人も気がついていない理解不足の単元を見抜く方法や、クラス内で「あの子は違う」という存在になるポイントをご紹介していきます。

小学三年生になると少しずつ他者と自分の違いを感じ始める学年です。学校のテストで良い点数を取ることが増えると自信を持ち、何事にも前向きに取り組める子や「物知りな子」と周囲から思われて何かと頼られるようになります。低学年では賑やかな子が注目を集めることが多かったですが、少しずつ成績の良い子が目立つようになってきます。子どもが「あの子はスゴイ子」に変身できるよう、家庭で様々なことを実践していきましょう。

読み書きそろばんの抜けがないかをチェック

どんなに時代が変わっても「読み書きそろばん」は勉学の土台です。読解力や書く力、そして計算力が十分ではないと、小学一年生から三年で学んできたことを十分理解できないまま四年生に進級することになります。学力の土台が弱いと学年が上がってから新しく学ぶ単元をしっかりと上に積み重ねることができません。これから先は学習内容もさらに難化してくるため、まずは読み書きそろばんを軽視せずに家庭で確認していきましょう。

子どもの基礎学力を把握するには以下のことを行ってみてください。

- すでに習っている計算をどれだけ正答できるか確認する
- 既習漢字の読み書きの定着度を見る
- 国語の教科書をよどみなく読めるかチェックする
- 小学一年生と二年生のまとめ問題を解かせて正答率を把握する
- 学校のカラーテストの点数の推移を思い出す

計算問題や漢字の問題は、自治体の教育委員会が作成してホームページ上に載せている教材やインターネット上の無料教材を活用すると教材費を抑えられる上、パソコンとプリンターがあれば思い立ったらすぐに我が子の読み書きそろばんのレベルをチェックできるのでお勧めです。

小学三年生までに四則計算の基本をすべて学びますが、三年生では桁の増えた足し算や引き算の計算を勉強します。ですから、より計算が複雑化し、低学年の頃にスラスラ解けていても油断は禁物です。桁が増え、なおかつ繰り上りの足し算や繰り下がりの引き算の問題だとさらに時間をかけて解く子が増えます。三年生で学ぶ算数の計算問題の解くスピードや正答率を確認してください。

学習する計算問題もレベルアップしますが、漢字も同じように小学三年生になると画数の多い漢字、学ぶ漢字がどんどん増えて「学んだ同音異義語」を頭で整理し、すべてを覚えて漢字の意味をしっかり理解することも難しくなります。

既習漢字をどれだけ書けるか早い段階で確認しておくことは、漢字力の把握だけでなく苦手意識を持たせないためにも必要です。とくに今の子ども達は生まれた時からスマートフォンやタブレット端末が身近にあり、予測変換機能に慣れていて正確に漢字を覚えなくても色々と調べられる時代です。漢字が苦手な子でも読みに関してはある程度読めますが、書きに関しては漢字力がそれなりにある子でも覚えきれていないことや記憶が曖昧なことがあります。小学一年生から習ってきた漢字がどれだけ正確に書けるのかを確認しましょう。

また、漢字の読み書きと同様に語彙力も気になるところです。小学一年生や二年生の国語の教科書がまだ手元に残っているのなら音読させてみて、何度も止まってしまうことや語彙の意味が分からず言葉と言葉の区切りが間違っていれば、「相応しい言語力がついていない」という可能性もあります。音読は学年が上がると宿題で出されることが少なくなりますし、親のほうも我が子が教科書をちゃんと読めていないとは思ってもいません。国語の教科書をスラスラ読めるかどうかで、語彙に関して子どもが抱えている様々な問題を浮かび上がらせます。

たった二年間とはいえ子ども達は国語、算数で様々な単元を学んでいます。どこの単元が苦手なのかを見つけ出すのは時間がかかります。そういう時に便利なのが、学年ごとの総まとめ問題を解かせて不正解が多い単元を探すことです。インターネット上の無料教材で学年別のまとめ問題を取り組ませて理解が不足している単元を見つけることや、カラーテストの点数の推移を思い出してみてください。子どもの成績はいきなり下がることも上がることもありません。何かきっかけとなる単元や、読み書きそろばんで不足気味の領域があるはずです。

「成績が下降気味になった」と感じた時は、すでに学力向上にむけてやるべきことが山ほどある

状態になっています。**親や子どもがまだ気がついていない、表に出ていない苦手を見つけること**
から始めてください。

漢字練習では漢字の意味を理解させる

小学校六年間で１０２６字の漢字を学びます。その中には読みが同じという漢字もかなりあるため、正確に漢字の形を覚えるだけでなく**「この時はこの漢字」と字の持つ意味を把握しておけるかどうか大きなポイント**になります。

小学一年生と二年生では日常生活で目にする機会の多い漢字を習い、小学三年生以降ではさらにレベルアップしつつ勉強する漢字数も増えます。「何となく読める」と思って「漢字練習は学校の宿題のみ」ですべて暗記できるのは一部の子ども達くらいです。次から次へと新しい漢字を習うので、しっかり覚えるには宿題だけでは足りず、家庭学習でも漢字ドリルなどを準備して数をこなしていかないと定着させる機会を失います。

数ある勉強の中でも漢字練習は忍耐力と継続力が求められます。どんな子でもやらないで済むならやりたくないと思っているくらい面倒な勉強です。そのため、子どもが漢字に対して苦手意識を持ち始めてから漢字練習をさせるのは容易ではありません。私が塾で出会った漢字スキルが低い生徒達は例外なく漢字プリントをサッと終わらせたり適当に書いたりしてしまい、結局定着にはほど遠い状態でした。もちろん、宿題に出したプリントもほとんどやってこなかったです。練習をしないけれど学校ではまた新しい漢字を習っているので、雪だるま式に分からない漢字が増えていきます。しかし、漢字を克服するには練習だけさせていても劇的に漢字スキルが向上する可能性は低いです。ただ単に練習させてしまうと、その字が持つ意味を理解しないままになるからです。

小学三年生までに習う漢字は合計４４０字ですが、とくに一年生や二年生で習う漢字は馴染みのあるものばかりです。そのため、子どもにとっても「よく分かっていない漢字」は少なく「知っている」「見たことある」という漢字で大半を占めます。それなのに子どもがよく間違える漢字や熟語の組み合わせがあるのは緊急事態です。すぐに漢字の持つ意味を教えて理解させることが理解を深める手助けになります。

例えば、「おかしを**はんぶん**（半分）にする」を「反文にする」と書いていた生徒がいるとします。これは典型的な音のみをあてて考えてしまうという、漢字が苦手な子によく見られる現象です。この場合、「**はんぶん**にする」という動作の意味を理解した上で、「半は3時半と言う言葉があるように真ん中という意味のある半を書く」「ぶんは分けるのぶん」と漢字の意味を教えると、字にも一つ一つの意味があることを理解するようになります。

分からない漢字がどんどん増えていくにしたがってこの作業は途方もなく膨大になり、大半の子どもは逃げ出します。**漢字の得意不得意が表面化してくる小学三年生以降はただ練習するのではなく、地道に漢字の意味を理解するような勉強を取り入れることを意識してください。**「この文章での漢字はこの字」と徐々に区別できるようになります。

たとえ学校の漢字テストで悪い点数を取ってこなくても、ちゃんと理解しているかどうか分からないことがあります。なぜなら、今の小学校では漢字テストが行われる前に解答が配られることが珍しくないからです。簡単に言えば、「来週行われる漢字50問テストの解答を先生が事前に配布し、子ども達はそれを必死に覚えてテストに臨む」といった具合にテストだけれど答えを丸暗記して受けるテストになっています。これでは子どもの漢字能力がどの程度のものなのか親は把握することができません。「お母さん、96点だったよ！」と喜んでいても、長期間覚えていられるほど漢字を理解し、定着しているのか判断するは難しいです。

また、学校の漢字テストは教科書に出てくる語句や基本的な語句が多く、たくさんある熟語の組み合わせをすべてカバーすることは不可能です。複数の漢字ドリルを何回か解くことや、学習系の習い事や通信教材を利用しない限り、「多種多様な漢字の組み合わせ」に触れることは難しいです。

　このように、漢字テストにどの字が出るのか全部分かっている状態ということもあるので、小学三年生になって高得点を取れていても「うちの子は大丈夫ね」と思わないようにしましょう。

算数は低学年のつまずきを解消する

小学校の算数は就学前から多くの親が気にします。小学一年生の二学期以降から本格的に学ぶ「繰り上がりの足し算」と「繰り下がりの引き算」、そして小学二年生で九九を暗記してかけ算を学習します。こうした低学年の間に早くも子どもがつまずきやすい単元を学ぶこともあり、親としては「スラスラ解けるか」と気を揉みます。

幼児期から学習系の習い事に通っている子はものすごい計算力を披露する一方で、計算が苦手で解くのに時間がかかる子もいます。低学年では子ども間の計算力の差はかなりのものがあるので、親は「少しでも計算力を上げたい。解くスピードを上げたい」と試行錯誤を繰り返してしまいますが、小学校に入学してからの最初の二年間の算数で計算だけを学んでいるわけではありません。

二年生では数値を見て表やグラフを作成し、三角形と四角形では頂点や辺と図形での専門用語を学びます。時計の読み方は一年生で学びますが、二年生になると「時間」という概念を学びます。1時間は60分と数字のように十や百、千と区切りの良い数字で単位が変わらないので、混乱する子もいます。

計算ばかりに目がいきがちですが、学校の授業で取り扱う単元を丁寧に見ていくと授業だけで理解できる単元ばかりではないことに気がつくはずです。とくに小学二年生の単元「かさ」はリットル、デシリットル、ミリリットルの単位を通じて「1リットル＝10デシリットル＝1000ミリリットル」と論理的な考え方、公式のような決まりを勉強します。一年生で習う「4＋1は5になる」も決まりの類いですが、それ以上に目に見えない、頭の中で思案して答えを導き出す学びに触れるので**単位換算は隠れたつまずき単元になりやすい**です。

また、デシリットルという単位は普段の生活でほとんど使わない単位のため、親のほうもすっかり忘れてしまっていることもあります。宿題をやっている子どもから「5デシリットルは何ミリリットル？」と聞かれて戸惑う方も少なくないです。単位を扱う単元では計算問題も取り上げられます。小学校の授業やテストでは基本的な内容がメインですが、学習系の習い事では単位換算の単元で、単位が指定された繰り上がりや繰り下がりがある応用的な問題が出されることもあります。

こうした応用的な問題は思考力が問われるため、間違いが多いというのは単位の公式を理解していないことを意味します。**単位換算は計算よりも目立たない存在ですが低学年の頃から学ぶ重**

要な単元であり、子どもの考える力を把握できる単元でもあります。市販のドリルやインターネット上の無料教材を活用して繰り返し復習をしていきましょう。学年が上がると六時限授業や委員会活動、クラブ活動と下校時間が遅くなります。平日の勉強に復習を組み込む時間的余裕がなくなるので、小学三年生の間に低学年で学んだ算数の「よく分かっていない」単元を見つけて地道に勉強をして克服するよう心がけてください。

そして、自分の苦手単元を正確に把握している子は多くはありません。親が積極的に動いて低学年までの理解度を確認し、苦手にしている単元をピンポイントで攻略しないと学力が少しずつ低下していきます。繰り返しますが、理解不足かどうかを子ども自身が把握していることは稀です。たいていは学年が上がってから「かけ算の筆算でいつもミスする」などと気がつきます。ただ「分からない」と口にすれば親から叱られ、勉強を強いられると思って自分から「よく分からない」と言い出せない子もいるので、ズルズルと分からない状態を引きずることも珍しくありません。

他の教科以上に算数は学んだ内容が次の学年に繋がります。例えば、かけ算の九九を二年で学んだら三年で二桁×一桁の筆算を学ぶなど、前の年に習った知識を次の学年で活かすので前の学年でのつまずきが今の学年に影響しやすいです。

　学ぶが螺旋階段のように上へ上へと繋がっていくため、つまずきを放置すると丈夫な階段を作ることができなくなります。「まだ低学年」と軽く見ずに、**子どもの算数の本当の理解力を知って、復習に力を入れて**いきましょう。また、他の子がテストの点数が下がる中でも点数をキープできたり高得点を取れたりすることは、勉強に対してさらに意欲が湧いてきます。勉強は親がいくら周りで騒いでも、子ども本人がやらなければどうにもなりません。「やったらできた！」という前向きな気持ちを引き出すことも大切です。

　低学年の学びは一見すると簡単なので「まだ学力差は出ない」と油断してしまいます。そうした中でしっかり復習をしていくと、他の子よりも抜きんでるきっかけになります。

学年×10分以上の勉強をする

家庭学習を習慣化させる時に色々と情報収集をしていると、**「勉強時間は学年×10分」**という話を目にすることがあります。これを基準にしてみると、小学一年生で勉強時間が10分ということになります。学校から家に戻ってきて勉強するのが10分なのですから、子ども的には「ラッキー」です。この理論でいけば三年生になると家庭学習時間は30分になります。しかし、宿題の算数プリントと漢字練習でそれなりの時間を消費して家庭学習用のドリルや問題集に取り組くんですべてを30分以内に収めることは厳しいです。もしくは「もう勉強は30分したから今日はここまで」と子どもが屁理屈を言い出すかもしれません。

学年が上がればそれだけ学習内容も難しくなるため、「学年×10分」とはいかないケースも出てきます。時間のくくりにこだわらず、学校の宿題と家庭学習用の教材に取り組むよう切り替えていきましょう。長時間の勉強を強制することは教育虐待にあたりますが、学力向上を目指すのであれば時間も少しずつ増やしていくことが必要になってきます。しかし、注意点もあります。「今日の勉強時間は一時間ね」と時間で決めるのではなく、**常識の範囲内の量かつ子どもも「この量**

ならできる」と納得している量のドリルや問題集に取り組んでいくことにしましょう。**そうすることで、子どもが意識せずに自然と勉強時間は増えていきます。**

私の家でも、子ども達が小学一年生の頃は10分程度の勉強をしたらすぐに外遊びに出かけていました。最初の頃はサッと終わらせる日々が続きましたが、学年が上がると「学校の宿題が終わったら遊びに出かける」と「家の勉強」と別の時間に分けて勉強するようになりました。そのうち毎日合計30分から40分、50分と自ずと勉強する時間が増えていったのです。「家で勉強するのが当たり前」と思うようになると、親があれこれ言わなくても学習する時間は長くなります。

それでは最初から時間を求めてしまうとどうなるでしょうか。塾で仕事をしている時に、子どもに長時間の勉強を強いる親が毎年のようにいました。そういうタイプの親は「時間が長ければ成績が上がる」と信じているのですが、闇雲に時間をかけても学力向上に直結するわけではありません。そういう勉強を求められる側の子ども達は、塾に来ては「やってられない」と文句を吐き出していました。

子どもの集中力が途切れがちになれば、たとえ三時間勉強していても頭に入る知識は限られます。「今日はこの勉強に取り組む」と集中して取り組める子のほうが、理解を深めて知識を増やしていきます。

ただし、これまで学校の宿題だけで家庭学習をほとんどしてこなかった子は「学年×10分」からスタートすることをお勧めします。最初から大量の市販のドリルを準備し勉強させようとしても、勉強に対して抵抗感を感じてしまいます。手始めに家庭学習をすることのメリットを実感させるためにも、直近のテストで出る単元の無料教材などを印刷し、力をいれて勉強していきましょう。テストで良い点数を取る回数が増えれば、「家で勉強するようになったら成績も安定してきた」「前よりも点数が良くなった」と家庭学習の効果を理解して、勉強への嫌な気持ちが薄まり「頑張れば結果が出る」という気持ちを持ち、以前にも増して意欲的に家庭学習に取り組むようになります。

小学三年生になると親の教育への関心の差が子どもの勉強時間に影響を及ぼし、学力差の顕在化に繋がります。子どもの心身のストレスを無視して無理に勉強時間を増やすのは絶対に避けるべきことですが、集中して勉強に取り組んで学校のテストで高得点を連発する子と、低学年の時のように高得点が取れない子と二つのタイプに分かれていく要因の一つが学校外での勉強量の差です。

しかし、最初から時間重視ではなく勉強の量と質のバランスが子どもに合ってくれば「学年×10分」以上の家庭学習になっていきます。小学三年生からの家庭学習は目先の利益ではなく、継

続を心がけて最終的に勉強時間が増えるよう意識してください。地道な努力がクラス内で「あの子は勉強が得意な子」と周囲から思われる秘密になります。

キーボード操作やタイピングに慣れさせる

全世界であらゆる分野に大きな影響を与えたコロナ禍。日本の公教育にも大きな変化をもたらしました。とくに劇的に進んだのがＩＣＴ端末を使用した勉強です。文部科学省が掲げていたパソコンやタブレット端末を駆使した学び、ＧＩＧＡスクール構想があっという間に全国津々浦々の公立小中学校で導入されることになりました。

私の子ども達も学校で配布されたＩＣＴ端末を家に持ち帰り課題に取り組むことがあり、その様子を見ては学び方の変化を感じています。クロームブックのようなノートパソコンは、学年が上がればタイピングをして文章を入力する機会も増えてきます。パソコンでの文字入力と言えばローマ字入力が主流で、小学校でもローマ字入力を教えています。本格的にアルファベットを学ぶのは小学三年生からです。例えば「犬＝ＩＮＵ」と書く訓令式を勉強し、日本語の言葉をローマ字で表す時の決まりを国語の授業で取り上げます。

訓令式の暗記のスピードは子どもによって差があります。そして訓令式と英語の違いを理解しているかどうかも見逃せません。私が塾で仕事をしている時に、小学生の頃に習った訓令式がそのまま英語でも通用すると勘違いしている中学一年生もいました。小学三年生の時に多くの子にとって人生初めてのローマ字を書く機会になりますが、その際に家庭で「今習っているローマ字は英語とは別物。犬はＩＮＵではなくＤＯＧと英語独自の言葉がある」と教えておくと、小学校高学年から教科として勉強する英語との違いで混乱しないで済みます。

コロナ禍以前の小学生であれば、ローマ字の習得で訓令式を練習していれば困ることはありませんでした。しかし、公教育でのＩＣＴ端末の導入により小学三年生でもローマ字を覚えるだけでなくタイピング、つまりはローマ字入力での文字入力を行うことになります。文部科学省が掲げる小学生の目標は「10分間で２００字程度」ですが、学校でタイピング練習に時間を割くことは難しく児童任せになります。

このタイピングのスピードはかなり個人差があります。プログラミング教室に通っている子と、家にパソコンがなくキーボードに触れるのは学校やＩＣＴ端末を家に持ち帰る時のみという子とでは、同じ学年でもタイピングスキルは当然ながら違います。子どもは短距離走や計算スピードのようにクラス内の速い子を英雄のように扱います。そこにタイピングが新たな「速い子」のジャンルとして加わり、なかなか練習する機会のない子は「自分は遅い」と劣等感を抱くようになります。

ローマ字表やキーボード配列が載っている下敷きなどが学校で配布されることもありますが、「家にパソコンがないから」とか「親がパソコンに触らせてくれないから」とそれを使用して練習する子はそう多くはないでしょう。キーボード操作は社会に出てからも必須のスキルであり、小学三年生からタイピング練習をしても無駄なものではありません。また、ローマ字入力を介してアルファベットに親しむきっかけとなり、英語学習の先取りをしていることにもなります。

成長するにつれて自分と他の子との違いを感じることが増えてきます。タイピングの速さは親からすると些細なことかもしれませんが、**子どもによっては「自分は上手くいかない」「遅いのを見られたくない」と劣等感を抱きやすいスキル**です。タイピングのスピードは速ければ速いほど尊敬の眼差しを一身に集めることができます。毎日コツコツ家でもタイピング練習をしていくと速くなっていくのが実感しやすく、みるみる上達していきます。

親世代の頃は小学校低学年の頃にパソコンに触れる機会はほとんどありませんでした。パソコン、またはキーボードに触れるのは小学校高学年または中学の技術の時間くらいで、ほんの少しの時間だけでした。しかし、公教育でもＩＣＴ端末導入が進み「ノートパソコンを使った学びや授業」を今の子ども達は当たり前のように受けています。家にパソコンがあるなら、親が在宅中に時間を決めて、**タイピング練習サイトでタイピング練習に励んでみるのも子どものやる気を引**

き出すポイントになります。

また、「努力をすれば結果が出る」という貴重な経験もできるので、親も「タイピングが速くても直接成績に関係のないこと」と一蹴せずに協力してください。

家の蔵書数を増やす

本を好んで読む子は学力が高いというイメージが昔からあります。教育熱心な親に育てられた方の中には「読みたくもない分厚い世界名作小説を読むよう強制された」という思い出を持っている方も少なくないでしょう。昔も今も教育に関心のある家庭では、子どもが本好きになるようにと赤ちゃんの頃から積極的に読み聞かせをしています。私自身も図書館に足しげく通い、たくさんの本や紙芝居を借りて読み聞かせをしてきました。

さて、子どもと本の関係を振り返ると就学する前に子ども達が過ごす保育施設では、保育士や幼稚園の先生が必ず絵本や紙芝居を読んでくれました。保育施設に通っている子ども達は平等に本に触れる機会があります。しかし、家庭での本との接触は親の考えにより大きく異なります。先生は当たり前のように絵本を読んでくれますが、家での読み聞かせは親次第です。親は努力を求められ、本を借りたり購入したりしなければ続けられません。

このように、たとえ同い年であっても家庭の考えによって本に触れてきた回数、冊数は異なり、活字に慣れているかどうかも就学以前の段階で差が生まれやすくなっています。そして、就学してからの子どもと本の繋がりは以下のように変化していきます。まず、学校の朝の時間帯に朝読書タイムが設定されていれば強制的に本を読む機会が設けられています。概ね低学年を対象に、地域ボランティアの方が定期的に読み聞かせをしてくれる小学校もあります。

こうした取り組みをして本に触れる機会が平等に与えられているわけですが、家にたくさんの本がある子や読書好きな子は家でも当たり前のように本を読みます。一方、家に本らしい本がない子は日常生活で本を手に取ることもなく、活字を読むのは学校の教科書と朝読タイムくらいに限定されています。これでは語彙力強化にはほど遠く、両者の語彙力は広がり続けてテストで文章題を出題されると読み解く時間や理解力の差が目立ってくるようになります。

家の蔵書数と子どもの学力は深く関係があります。文部科学省が2023年7月に発表した「令和5年度　全国学力・学習状況調査の結果」でも、家の蔵書数の多い子ほど正答率が高いことが分かりました。

小学生と中学生ともに正答率が最も高いのは「家の蔵書数が101冊以上、授業で工夫して発表していた」と答えた子ども達でした。「蔵書数が0冊~25冊かつ授業で工夫して発表していない」という子とは、正答率の差が最も大きいのが中学校数学35ポイントを筆頭に小学生そして中学生ともに学力差が顕著になっています。

こういうデータが出ると親としては本の大切さを再認識することになるのですが、小学三年生頃になると、子どもに合う本を見つけにくくなります。小学生の低学年の頃はイラストが大きめの絵本と本を橋渡ししてくれる児童書が充実しています。しかし、徐々にイラストが少なくなり文字数が多い本へと移行させようとしても、そのタイミングで「本好きな子」「本はあまり読みたくない子」に徐々に分かれていきます。親のほうもつい知り合いの本好きな子と比べてしまい、「漫画みたいな本ばかり読んでいないで小説でも読んでよ」ときつい言葉を投げかけて子どもを傷つけてしまうこともあります。

小学三年生になると本好きな子は小学校高学年を対象とした本を読めるなど、個人差は大きくなります。**他人と比較せずに自分の子どもが興味を示す本、学習漫画を図書館からどんどん借りてきて本が手に届く範囲に置いてある状況を作っていきましょう。**少子化が進んでいますが、とくに学習漫画に関しては親世代が子どもの頃よりも充実しています。

定番の社会だけでなく、理科や算数そして語彙とすべての教科をカバーするだけの学習漫画が出版されています。こうした本を頻繁に読んでいると、学校の勉強の先取りや知識を増やし理解を深めることにも繋がります。また、知識を先取りしていることで授業やグループ活動で積極的に発言することも期待できます。

文芸作品を読んでほしいと思っていても、まずは子ども本人の読みたい気持ちを優先してください。「本は楽しい」と気がつき、遅かれ早かれ他のジャンルの本にも手を伸ばしていきます。

勉強する時間帯を決める

学校のある平日は起床時間、登校時間や就寝時間がある程度決まっています。日常生活の流れが決まっていると、例えば寝坊した時に瞬時に「あと10分で全部支度しないと学校遅刻になる」と緊急事態の中でも状況を把握して動き出すことができます。しかし、毎日起きる時間も寝る時間もコロコロ変わっていたらどうでしょうか。何を何時までにやればいいのか一瞬で理解することが難しくなります。

これと同じように、家庭学習の時間も毎日違う時間だと日常生活の一部として習慣化するまでの道のりは平たんではなく、流動的になると習慣化しにくくなります。やったりやらなかったりを繰り返す可能性が高くなり、「昨日は午後5時にやったけれど今日は午後9時」では勉強をやるぞという気持ちを作れず、「今日はいいや。明日二日分やればいいし」と気持ちが緩んでいきます。

勉強時間を固定化することは、日常生活の一部に組み込むことを意味します。**本気で家庭学習を習慣化し、定着化させるには家で勉強する時間帯を決めておくことが鉄則です。**「学校から帰ってきたら」「午後6時から」「お風呂に入る前」「夕飯を食べる前」と、一番合うタイミングを親子で話し合って決めていきましょう。勉強する時間が決まれば、自然と子どもながらに勉強モードに入るスイッチが出来上がっていきます。「気が向いたらやる」ではいつまでたっても学習習慣が身につきません。

日常生活で起床時間や就寝時間など生活で軸となる部分が毎日変動している時は、家庭内で「平日の過ごし方」をなんとか形作るようにしましょう。作る時は以下の条件をクリアするようにしてください。

・平日の起床時間を決めて目覚まし時計をセットする
・お風呂に入る時間をほぼ固定する
・ご飯を食べる時間をある程度「この時間」と決める
・子どもの成長に影響を与える就寝時間を固定する

親の職種によっては勤務時間、シフトにより生活リズムが変わりやすくなりますが、子どもが安定した日常生活を送るために軸となる一日の流れを作り、その流れで毎日を送れるように慣れさせていく中で家庭学習に取り組む時間帯を決めていきましょう。数日で仕上がるほど甘いものではありません。一カ月、二カ月と時間をかけながら生活リズムを作ってください。

塾で仕事をしている時、普段から時間帯を決めて家庭学習をしている子はオンオフの切り替えが上手く、先生や周囲の友達と喋る時と勉強スタートした時の集中力に感心しました。同じ時間勉強していても、切り替えが上手くいかないと頭に定着する知識量も異なり、実りの少ないものになります。

勉強する時間を決めることは何の変哲もないように思えますが、長い目で見ると無理なく勉強する習慣を作れる大きな分岐点になります。私自身、子どもに家庭学習の習慣を定着させる際は、「この番組が始まる前に終わらせよう」とテレビ番組を利用して勉強に取り組ませた経験があります。子どもも必死で勉強を終わらせようと努力をし、そのうち「この時間帯は勉強する時間」と勝手に思うようになっていました。刷り込みを良い意味で利用したケースですが、子どもは親の思惑を全く知らずに策略に乗ってくれた形です。

小学三年生以降になると、徐々に学力差が表面化してきて学習量の差も学校のテストに反映されやすくなります。「一年生や二年生の時は高得点を取っていたのにどうして成績が下がってきたの？」「そんなに難しい単元を学んでいる？」と嘆く前に普段の家での勉強量や勉強スタイルを振り返ってみて改善すべき点を改善していくようにしましょう。それまで問題がないとその形を継続させたくなりますが、今の勉強への取り組み方では小学三年生の学びを乗り越えるのも難しいということもあります。

フラットな視線を持って**「このままで我が子は小学三年生も成績が良い状態をキープして小四の壁を乗り越えられるかどうか」**を考えてみてください。そのカギを握っているのが**勉強する時間をコロコロ変えていないかどうか**になります。

▸第三章◂

見逃し注意の学力低下サイン

学校の勉強で成績が下がり始める子が増えるのは小学四年生頃とされていますが、漢字テストを中心に高得点者が減ってくるのが三年生です。明らかにテストの点数が取れなくなってきている時は急いで苦手克服をするなど対策を講じる必要があります。しかし、そこまで明確な学力低下を感じないケースもあります。そういう場合、親のほうも「来年から学校の勉強も難しくなる」「やっぱり小学三年生ではなく四年生が山」と、現状ではなく未来に意識を向けてしまうことになります。

第三章では、小学三年生の段階でキャッチできる学力低下サインをご紹介していきます。多くの親は学力差が出るのはまだ先と思っています。けれど、実際は三年生の時点で成績上位層と下位層の間はかなり広がり、差を埋めるのも相当な努力が必要になっています。

仕事で小学二年生から三年生へと続けて担当した子ども達には、計算ミスや漢字間違いも二年生の時は目立たなかったのに、一学年上がっただけで間違う問題の数に差が出てきたことがありました。桁が増えて計算する際の集中力の差や、語彙力の差などがダイレクトに影響を及ぼし始めていたのです。正直言って、その頃は私も学力差が目立つのは小学四年生、五年生と考えていました。しかし、実際には三年生からサインが出てきていたのです。その後、漢字が苦手な中学生との出会いで「小学三年生が分岐点」と確信するに至りました。

家庭でもチェックできる学力低下サインを理解し、子どもは学校の勉強をちゃんと理解しているかどうか把握してみてください。

小学校のテストで80点以下が増えた

小学校のテストは二色刷りや最近では理科や社会がフルカラーということもあり「カラーテスト」と呼ばれることもあります。中学校の定期テストとは異なり、単元が終わるごとに実施されています。そのため、まだ習ったことを覚えている段階でテストを受けることもあり、高得点が取りやすいと言われています。

一般的に高得点と聞くと90点以上や85点以上というイメージがありますが、学年が上がるにつれて高得点を常に取れる子どもの顔ぶれは固定化していきます。さて、**三年生になり子どもが単元テストで頻繁に80点未満という事態が増えてきたら、それは学力低下サインの一つ**です。つい最近まで学校の授業で習っていた単元なのに2割以上の問題を間違えていることを意味しており、2割の知識を覚えきれていないことになります。「80点未満」がかなりの頻度で起きているのは、**「各単元で2割以上覚えていない状態が続いている」**ことになります。

2割以上の知識を取りこぼし続けているのに急激に成績が上がることはあり得ません。子どもは点数が下がってきても、「周りも点数下がってきたし」とか「本気出せばすぐ前みたいに取れる」

と高得点を取ることや成績アップが簡単だと夢見がちなところがあります。しかし、現実はそんなに甘くはありません。定着しきっていない2割以上の知識を自分の努力で取り戻す必要があります。大半の子は嫌がりますが、別の視点で考えれば「高学年、中学生になってから気がついて勉強し直すより楽」ということです。学年が上がってからのやり直しは相当努力しないと無理ですが、小学三年生ならならまだ挽回しやすいです。

単元テストは頻繁に行われるため、とくに算数では単元により点数の差が出てしまうことがあります。すべてのカラーテストを保管している親は少数派だと思いますが、80点以下のテストが増えてきたら対策を考えるタイミングです。苦手単元をあぶり出し、子どもがしっかり理解するまで復習していきましょう。子どもに限らず大人でも間違いを見つめてやり直しをするのは嫌なものです。しかしそれを避け続けていてはいつまでたっても同じことを繰り返し、改善することは叶いません。

また、小学生の子ども達は学校のカラーテストがどの程度の難易度なのか分かっていない子も多いです。テストを受けるのが学校だけという子も多く、解いているテストのレベルは分かりにくいものがあります。「単元が終わったらテストがあり、まだ覚えている段階で出される問題は基本問題がメイン。だから9割は取れるのが理想的」と説明しましょう。「日々の学習を続けていけば高得点を取れるレベル」と分かれば、子どもも最近取っていた点数は黄色信号が点滅している状態だったと自覚します。

学校のテストの点数の推移は、子どもにとっては勉強への自信とやる気が連動する大きなバロメーターです。ガクンと下がって「このままではいけない！」と顔を上げて努力する子よりも、「あの子みたいに自分は頭が良くない」と卑下する子のほうが多いです。一度沈んだ気持ちを奮い立たせるのは親子ともども労力を伴い、まずは気持ちを立て直さなければ勉強に向かってくれません。ですから、学校のテストの点数の良し悪しは子どもの勉強への気持ちに左右する重要なものであり、親も点数の推移を注意して確認することが望ましいです。

とくに勉強の柱でもある国語と算数のどちらが点数の低下が顕著なのか確認をしてください。片方だけなら家庭学習で振るわないほうの教科に力を入れて復習をするなどテコ入れをしましょう。両方の教科で低下が見られる場合は、教科書ワークを準備して学んできた単元を本格的に復習してください。小学校の学びはすべての学びの土台になります。学校のカラーテストで点数が下降気味であることは、すなわち基礎学力の土台作りが盤石ではなくなっていることになります。

国語、算数だけでなく理科や社会のテストも加わる小学三年生。**カラーテストの点数は低学年以上に学力低下サインが隠されているので、見逃さないようにしましょう。**

子どもがテストに関する話をしなくなった

小学校に入学したばかりの頃は「明日は算数のテストがある。満点取れるように頑張る」と言っていた子。それなのに、小学三年生になったらテストが行われることや返却されたことも口にしなくなったら、「これは見せられないような点数を取っている」と思ってよいでしょう。

親もかつては小学生で「見せたくないテスト」「点数を教えたくない」を経験してきています。私も小学六年生の理科で酷い点数を取り、当時まだ小学校の敷地内にあり現役で動いていた焼却炉にテストを捨てたことがあります。親はさほど勉強に関心は寄せていませんでしたが、さすがにこの点数を見られたらゲンコツをもらうと感じたからです。これは極端な例ですが、悪い点数を取れば親に叱られ、もっと勉強しなさいとお説教されるのは目に見えています。なんとかテストの存在がバレないように取り繕うのは子どもにできる精一杯の努力です。親から聞かれない限り、自分からテストのことを口にすることが減っていくのは当たり前です。

とはいえ親のほうも黙っていません。急にテストの回数が減ることがないのは百も承知です。こっそりランドセルの中を見てテストを探したり、「怒らないから見せて」と言ったりとあの手この手で点数を見ようとします。テストを巡る親子の攻防が繰り広げられるのは漫画やアニメでもおなじみのシーンですが、実際に起きたらお笑い事では済まされません。酷い点数を目にして怒りがこみ上げそうになっても深呼吸をしてグッと堪えてください。

子どもは親の以下の言動を恐れて徐々にテストについて触れなくなります。

・点数が悪いことに対してだけ怒る
・成績の良いクラスメイトと比較ばかりする
・いきなりゲーム禁止などを要求してくる
・勉強時間を極端に増やそうとする
・子どもの意思を確認せず塾に入らせようとする

感情に任せた言動は子どもを震え上がらせ、親を怖がるようになり素直にテストの点数を教えなくなります。

塾で出会った生徒達の中には、親にテスト結果を見せない子が一定数いました。点数の悪いテストを見せたことで親から長時間説教されるだけでなく、中には何の前触れもなく学校に行っている間に漫画やゲームを処分された生徒もいました。親としては勉強の妨げになると思い処分したのですが、生徒は意気消沈して勉強する意欲を完全に失ってしまいました。このような行き過ぎた仕打ちはもっての外で、テストの点数にいちいち反応しないことが大切です。

テストの答案を隠すことやテストがあったことを教えないでいるのは、ある意味子どもらしい反応です。そうした態度に対して頭ごなしに叱るのではなく、「どの辺りの単元からテストで点数取れにくくなったの」と怒りモードを消して建設的な話し合いモードで問いかけてみてください。子どもも親が落ち着いた雰囲気で話をしてくれるなら、テストの話を避けたり隠したりしようとはしません。取ってしまった点数を変えることは無理ですが、そこからどう対処していくかを考えることに集中すれば未来の結果は変わっていきます。

学校のカラーテストは、習った単元の理解度や定着度がどの程度なのかすぐに把握できる優れものです。「失敗は成功のもと」という言葉があるように、点数が悪くてもただ嘆くのではなく**「どの教科でつまずいているのか」「改善点を探れる」「苦手がはっきりしている」と前向きに捉えて学習に取り組む**ようにしてください。そして、テストがあるたびに無理のない範囲の目標点数を掲げて、それに近づけるように地道な努力を続けられるよう励ますようにしましょう。

まだまだ子どもとはいえ、点数が取れなくなってきていることに子ども本人も深く悩んでいます。悩みに寄り添い、劇的に成績が向上することばかりを求めるのではなく、**解決できる道筋を一緒に考えて課題を一つ一つクリアしていけるようしてください。**

答えが配布されている漢字テストで再テストになる

小学校では一年生の夏休み明け頃から本格的に漢字を学ぶようになり、それに伴い学校の宿題の定番である漢字練習も始まります。ほとんどの子は時間がかかり手も痛くなる漢字練習の宿題を嫌がります。適当に書けば先生にバツをもらい、親に知られたら叱られたという思い出を持つ方も少なくないかもしれません。

さて、日本語において漢字は非常に重要な文字の一つであり、学校でも丁寧に教えていくのですが、どうしても理解力、定着するスピードには個人差があります。すぐ覚えられない子は何度も練習を重ねる必要があるものの、いかんせん漢字練習は喜んで取り組むような子が珍しい存在という修行のような勉強です。やはり練習したくない気持ちが大きくなるのも仕方がありません。

それでは漢字テストなら児童間の理解力の差、練習量が点数に出やすいかと思いきや、今の小学校では「解答を事前に配布する」という裏技が当たり前のように行われています。

学校の漢字テストは大まかに二つに分かれます。頻繁に行われる単元ごとの漢字テストと50問テストです。とくに重要視されているのが50問テストのほうになります。例えば「来週の火曜日にテストを行います。合格点は95点以上。95点未満の子は再テストです」と先生が合格点を事前に発表をし、その点数をクリアしなければ休み時間に再テストを行うと宣言。児童に解答を配布します。漢字テストで再テストが実施されるようになるのは小学三年生頃からです。ただ、児童の漢字力次第では二年生でも再テストが行われることがあります。

子ども達にとって解答が事前配布されることは嬉しい反面、一問か二問しか間違えられないというプレッシャーも感じるテストです。必死になって答えを暗記して何とか再テストを逃れようとします。出される漢字が前もって分かっていることもあり、一回でクリアする子がいる一方で、合格点に届かない子もいます。学年が上がると漢字の画数が多くなり形も難しくなるため一回目の再テストでクリアできない子も増えますが、「これから漢字力が広がる」という小学三年生の時点で再テストを一回でパスできないのは心配です。

一回でクリアできなければ二回目が行われ、それでも無理ならもう一度と休み時間に再テストを受けることになります。回を重ねるごとに点数が上がってくることが理想的ですが、思うように覚えられず、いくら頑張っても点数が伸びないのであれば注意が必要です。学習障害の可能性もあるので漢字の再テストになったからと叱らずに、子どもの点数の推移を注意深く見て気になることがあったら担任の先生や小児科の先生に相談するようにしましょう。

今の小学校の漢字テストのスタイルは、親世代の頃とは違いますが子どもが抱えている問題や、漢字練習の改善点を考えるきっかけにもなります。ただ暗記しても本当の定着には至りません。やはり習った漢字の意味をしっかり理解し、すでに習っている同音異義語の漢字と区別できることが漢字力を鍛える基本になります。そして高学年になると「中学進学を見据えて」と抜き打ちで漢字テストを行う先生もいます。「自分たちの本当の漢字力を知ってもらい勉強に励んでもらいたい」という親心から実施をするのですが、事前配布の漢字テストのようには当然いきません。いつもの漢字テストでは高得点を取っていても60点台や50点台になる子もいます。

そして、抜き打ちテストでも再テストは何の漢字が出されるのか分かっているので、大半の子はクリアして事なきを得ます。嵐が過ぎ去れば子どもは安心して漢字練習に力を入れなくなるのは火を見るよりも明らかです。

昭和の頃のように事前配布無しの漢字テストが主流ではなくなり、親が子どもの漢字力がどの程度のものなのか正確に把握しにくくなりました。そして、高学年でたまに実施される予告なしの漢字テストで「どのくらいなのか」が分かっても、小学生の間に漢字力を急激に上げるには残された時間があまりにも少ないのです。

「卒業まであと半年だけれど、小学三年生からの漢字を総復習しないといけない」と親から言われて素直に取り組む子は何人いるでしょうか。皆無に等しいでしょう。それくらい**漢字を克服するのは難しいので気がついたらすぐに対策を講じる**ようにしてください。

教科書をスラスラ読むことができない

学校の宿題の定番は「漢字練習」「算数のプリント」です。そして低学年の頃にはあるけれど、高学年になると宿題から省かれることもあるのが国語の教科書の音読ではないでしょうか。

小学校に入ったばかりの頃は短い文や詩を読むのですぐに終わり子どもにとっても気が楽ですが、一学期が終わり二学期、三学期と徐々に長い文章を読むようになると、子どもは音読が面倒になり進んでやりたがらなくなります。私の子ども達もそうでしたが、親に気がつかれなければ「やったこと」にしようと考える子も少なくないでしょう。

親になり、自分の子どもの頃を振り変えると、「たしかに音読は面倒だった」「何のためにやるのか」と音読を嫌がる我が子を見て疑問に思う方も多いと思います。昔も今も音読は宿題の定番として課されていますが、漢字練習や算数プリントに比べるとどのようなメリットがあるのか把握するのが難しいです。しかし、平成十六年の文化審議会答申「これからの時代に求められる国語力について」では音読の効果として「国語力や独創力とかかわる脳の場所が特に活性化するという脳科学の知見もあることから、積極的に音読を取り入れていくことが大切である」「漢字の読みを覚えたり、文章の内容を確実に理解したりできる」と記されており、ただ何となく出されている宿題ではありません。

国語の教科書は年齢に合わせて作られており、「該当学年の大半の子は読んで理解できるレベル」という文章で構成されています。塾の国語のテキストで目にするようなボリューム感もあり難しい内容の物語や説明的文章は扱いません。長い文章が徐々に出てくるものの、小学校の国語で触れる作品や文章はその学年の児童が読んでみて感情移入しやすく理解できる内容であり、その中で出てくる語彙も学年に合わせています。「意味が分からない」と感じることはかなり少ないはずです。

けれど、国語力に何かしらの問題を抱えている子は教科書を一読して理解するのも難しく、音読する際も漢字や言葉をどこで区切ればよいのか分からず「スラスラ読む」ではなく「たどたどしく読む」になります。文字が少しずつ読めるようになる幼児期から自分で字を追って本を読もうとしてきた子は字を読むのにも抵抗感がなく、一度二度読めばスラスラ読めるようになります。

国語で扱う言葉はもちろん日本語であり、大人も子どもも普段から使っている言葉です。生活の中で当たり前のように喋っている日本語ですが、文字を読む力と理解する力は会話とは別物で「教科書をよどみなく読めるかどうか」は、会話とは違う、国語という教科や他の教科にも必要な言語能力を簡単に見定めることができます。

小学一年生の文章でもカタカナとひらがなが混在する文や漢字が登場すると「なんて読むのかな?」と考えてしまい、ストップしてしまう子もいます。同じ言葉でも、音読は文字を目で追いながら言葉を口にするので「この言葉はこの区切り」と瞬時に判断して読む力が必要です。低学年の頃はカタカナが苦手な子が少し戸惑う程度だったのが、学年が上がり扱う文章も長くなり漢字も増えるとスラスラ読みにくくなってきます。

スラスラ文字を読めない子は言葉と言葉の区切りを正確に理解していないので、抑揚がなく一本調子になりやすく、語彙力不足かどうかも把握することができます。宿題として出されているけれど「大丈夫でしょう」と音読をさぼり、親も黙認しているのなら、すぐにでも音読を再開してください。国語の授業で何度も文章を読み返しているうちによどみなく読めるようになっているはずで。しかし、**上手く読めない、止まってしまうことが多いなら子どもの学力低下のサインの可能性**があります。

言葉の区切りも音読を通じて身につくというメリットがあります。そして漢字力の差が出やすくなる小学三年生以降では、「こういう文章ではこの漢字を使う」という感覚をつかむのに一役買っています。お世辞にも楽しいとは言えない音読ですが、このように国語力を静かに鍛える効果があるので軽視するのはもったいないです。

学年が上がると親の前で音読をするのを嫌がるようになりますし、学校でも音読の宿題が出されなくなります。しかし、国語の成績が芳しくない子は、宿題に出されなくても根気よく音読に取り組ませるようにしましょう。教科書を読むのを嫌がるのであれば学習漫画など子どもの好きな本でもかまいません。音読をしていくと知っている語彙が増えて文字を追うスピードが上がり、国語力全体の底上げに繋がります。

社会の地図記号を覚えていない

小学三年生になると勉強する社会は、まず住んでいる町や自治体の地形や特産物などを調べることから始めます。暗記教科と言われることの多い社会で、最初に覚える暗記ものは地図記号になります。学校の近くにある施設などの地図記号を書き込むことや、お手製の地図に地図記号が印刷されている紙を貼っていくなどアクティブラーニングを通じて地図記号を覚えていきます。

学校や病院と言った分かりやすいものから、変電所、針葉樹林、果樹園と住んでいる地域によっては馴染みのない地図記号もたくさんあります。社会において地図記号は重要な「暗記もの」に分類されますが三年生の春先に学ぶこともあり、授業の時にだけ目にしてそのままにしている子も多いです。復習をしないでいるとあっという間に忘れてしまうので、学期末テストや学年末テストで出題された時に思い出せなければ答えられません。

忘れてはいけないのが、社会は興味関心の有無でテストの点数が出やすい教科の一つということです。社会が好きで学習漫画をどんどん読んでいる子は地図記号が頭の中に入り、定着しやすいです。その一方で社会にあまり関心のない子は、授業で習っただけで自分から復習することはありません。小学三年生はまだ社会の学びの入り口に立ったばかりの学年とはいえ、地図記号が定着していないのは社会への興味が薄いことを意味しており無視するのは危険です。

とくに地図に関してはスマートフォンなどの機器が登場し、手で広げるタイプの地図は親世代の頃とは比べ物にならないほど存在感が低下しています。どこかに遠出するには、地図を広げて目印になる建物を見つけて騒ぎながら目的地までたどり着いていた時代から、スマートフォンなどの浸透で地図を手にすることなく、ナビゲーションアプリを利用して目的地を登録したら音声ガイドに従って進んでいけば到着できる時代になりました。

今の子ども達の多くは、家に地図がないことや日常的に地図を広げる習慣もありません。便利な世の中になりましたが、地図に興味がある子でなければ学校で学ぶ地図記号を覚えても生活で使うことがなく、定着するのがより難しくなっています。しかし、テストでは昭和の頃と変わらずに地図記号の問題が出ます。授業で学ぶのは小学三年生の初めの頃ですが、高校受験でも出る重要単元なので覚えておく必要がある知識です。

とはいえ、身近に地図がなくスマートフォンで簡単に目的地までの道のりが分かることもあり、地図記号を真面目に覚える子は多くはありません。「単元テストが終わったらそれっきり」という子は珍しくないです。小学三年生で学んでも中学三年生が受ける受験でも出題される単元です。

数回の学びで全部を覚えるのは難しいので、学校で学んだっきりという状態になっていないか必ず確認してください。

また地図記号への関心の有無は地理にも波及し、小学四年生で勉強する日本地理の分野をスムーズに理解できるかにも関わってきます。自分の住んでいる自治体の地図を親子で作成して公的機関の記号を覚えつつ、集中してある場所の特徴や果樹園や針葉樹林、変電所の場所を探していくと自然と地理の知識が増えて関心が高まっていきます。

地図を使う機会が激減している中で効率よく地図記号を覚えるには、まず地図記号に特化した学習漫画を購入して日頃から目を通すようにしたり、インターネット上の無料教材を利用したりと親も暗記するためのサポートをしていきましょう。

地図記号を覚えても何にもならないと屁理屈を言う子も中にはいるかもしれません。そう言われたら、「緊急事態や災害時にスマートフォン等が使えない事態になったら紙の地図を読んで目的地までたどり着くしか方法がない」と答えて、地図記号を覚えることの重要性を話してみてください。

理科で何を学んでいるか分かっていない

理科も社会同様に、身近な植物や昆虫観察を通して専門的な知識を学ぶようになります。植物のつくり、虫の仲間分けと理科的な考えを教室だけでなく学校の花壇で調べるなど、フィールドワークも行います。こうした教室以外の場での勉強は子どもにとって楽しく、刺激的なものですが「面白い」という感情だけで終わってしまっていないか気をつけましょう。

小学三年生になると教材を使用した体験型の授業も実践します。例えば、三年生の後半に学ぶ豆電球は理科の中でも化学分野の基礎的な学びであり、キットを使い豆電球の光り方を比べてじっくり違いを考察するのが目的の一つです。しかし、ワイワイ賑やかな中で先生が手順を説明するのを聞きながら組み立て、自分の手で実験をしてみるのは一種のイベントであり机の上だけの普段の勉強とは違う高揚感を感じます。本当は実験に伴い専門用語も覚えなければいけないのに、「面白い」が先行して知識が頭に入ってこないこともあります。

学校で使用している教科書によって順番は異なりますが、春先は生活科から理科への橋渡し的に校庭に出て自然観察をし、植物やいきものを探します。その後、ひまわりの種を植えて成長を観察し、太陽の動きや影の長さの変化、物理分野である「ゴムの働き」や「音の伝わり方」、学年の終わりに「磁石の働き」と多岐にわたり勉強していきます。

同じく三年生から学ぶ社会に比べると、初年度から専門的な内容を学んでいることが分かります。それに伴い理科のテストも昆虫の体のつくりや、グラフを使った問題、豆電球では回路と専門用語も覚えつつ資料を読み取る問題にも取り組みます。子どもが理科の授業を楽しみにしている様子を見て安心したいところですが、配布されるキットが面白いから楽しんでいる可能性もあります。

本当に理科の授業内容が分かっているか怪しい時は、「今はどんなことを勉強しているの」と声をかけてみてください。「太陽の動き」「豆電球を使った授業している」という具合に単元を教えてくれたら、「太陽はどの方角から昇って、どの方角に沈むの」や「豆電球のソケットってどの部分」と質問してみましょう。答えに窮しているのなら先生の話を聞いていない、または覚えていない可能性が高いです。

理科も専門用語を暗記する必要のある教科です。「なんとなく楽しい」では知識をしっかり定着することは難しくなり、四年生、五年生と学年が上がって学びの内容が難化していくと「理解できない」と苦しくなります。また、三年生の段階から対象物を観察することや比較して考える学び、そして先生の説明を聞きながらキットを組み立てることから、高学年で実験する時の「先生の話を聞いて安全に実験をする」という聞く力を鍛えていきます。勉強らしさがあまり感じられない単元が続くと思いきや、理科で必要な土台を学んでいくため、「楽しそうならそれで充分」と安心しないでください。

新しい学習指導要領は思考力、判断力、表現力を鍛える学びとなっています。理科でもこれまで以上にグラフと資料を使用し、推察や考えさせることや自分の意見をまとめて発表する機会が増えると考えられます。「この単元ではどのようなことを学んでいるのか」を理解していないと、こうした力を鍛えることができません。

キットを使用した学びはどんな子でも楽しく理科の授業に参加できるというメリットがある一方で、ノリで授業を楽しむ子もいます。「楽しそうで何より」と思わず、単元テストの点数の推移やどんな問題で間違えが多いのかを確認してみましょう。理科のテストは国語や算数に比べると実施回数が少ないですし、宿題が出されることもほぼありません。家庭で理科対策を行っていなければ学校の授業での学びがすべてになり、単元テストの点数がすなわち子どもの授業の理解度になります。

点数が芳しくなければ、教科書ワークを購入して理科の復習をするようにしましょう。「まだ三年生だから早い」と考える方もいるとは思いますが理科の全分野の基本を勉強しているため、三年でつまずき、何の勉強をしているのか子どもが理解していなければ早急に対策をする必要があります。四年生になると一気に専門的な学びとなり、豆電球で使用した電池も「直列つなぎ」「並列つなぎ」と、楽しかったはずの理科が難しく感じるようになります。

理科の導入である三年生の時点で、「楽しいだけで終わっている」「どんな単元なのか理解していない」というサインを発していないか注意してください。理科の授業に対する子どもの気持ち、テストの点数をしっかり確認しましょう。

家庭学習時間が低学年の頃と同じ

学年が上がれば宿題で出される漢字練習もすぐには書き終わらず、算数プリントもサッと答えが出るものではなくなってきます。このように学習内容が難化していくわけですが、一年生と二年生の頃と学習時間が同じだと、遅かれ早かれ学力低下に繋がります。子ども本人は勉強しているつもりでも、やはり学年が上がっていけば家庭で取り組む学習量を増やして知識の定着を目指す必要があります。

一般的に勉強内容が難しくなる、複雑化してくるとそれに比例するように勉強時間も長くなります。それなのに、家に帰宅して10分程度の勉強を変わらず続けていては、学力差が出てくる小学三年生で学力上位層をキープするのは至難の業です。なかには学校の教科書を一読するだけですべてを理解し、暗記するという特別な子もいますが、そういうタイプの子は本当に希少な存在です。多くの子ども達は成績を上げるためには勉強時間を増やしていかなければ学力が低下していきます。

私が塾で仕事をしている時、これは中学生と高校生の話になりますが偏差値の高い高校を目指す生徒、そして進学校に在籍する生徒のグループの勉強時間が長かったです。取り組んでいる問題が応用的な問題が多く、すぐに答えが出る問題ではないことや、自分の夢を実現するために志望する学校に合格できるよう確保できる時間を無駄にせず勉強したい気持ちが強いからです。

成績を上げたいと本気で思うのであれば、彼ら彼女達くらい努力をしなければいけないと学業不振の生徒達に話をしたのですが、「そんなのできない」「そこまで望んでいない」と口々に言っていました。勉強時間を増やすと言葉では簡単に言えても、実際に増やそうと思っても慣れてきた学習スタイルがあり、そこから脱却するのは簡単ではありません。

例えば小学生の頃からほとんど勉強していない、または短い時間しか勉強してこなかった子が中学生になって突然「進学校に入りたい」と目標を立てても、以前と同じペースで勉強していたら合格することは不可能です。大幅に学習時間を増やすしか成績アップする方法はありません。問題をたくさん解き、間違えた問題をやり直し、それを何度も繰り返してようやく少しずつ成績が上向きになってきます。

しかし、これまでの一日の学習時間が10分も満たない子が急に平日3、4時間勉をし、休日8時間以上の勉強をやろうとしても、たいていの場合は三日坊主に終わります。あまりにも落差が激しすぎて理想と現実の辛さを実感し、計画倒れになります。こうした落差を極力なくすためには、成長するにつれて学習時間を増やしていくことで解消されます。

低学年の頃、10分〜15分程度の家庭学習時間から少しずつ時間を増やしていくことで、学力低下を防ぐだけでなく基礎学力をきっちり鍛えることや集中して勉強する時間が少しずつ長くなります。親も「ちょっとでもいいから勉強しているし」と満足せず、中学年や高学年、そして中学進学を見据えて少しずつ学習時間を増やすように誘導していきましょう。自分から勉強時間を増やしたいと申し出る子は少数派で、たいていは楽をしたがります。こっそりと知らぬ間に時間が増えているようになっていれば作戦勝ちです。私も実際に子どもの家庭学習で実践してきました。

親が率先して家庭学習の教材の見直しをして、すぐに解き終わってしまう簡単なドリルや問題集を与えていたら、もう少し解きごたえのあるものに変えるなど陰ながら自然と学習時間が長くなるようにしていきましょう。**この際、家庭学習の増加はプラス5分〜10分になるよう調整してください。**いきなり今までよりも30分増えるような学習量に切り替えると、子どものほうも「おかしいぞ」と気がつきます。

低学年の頃の学習時間に慣れたまま何もせずに学年が上がってから「このままだと成績がさらに下がる」と気がついても、そこから時間を増やすのは意外と難しく子どもも反抗するようになります。そのため小学三年生になると国語と算数だけでなく理科と社会も加わるので、こっそり学習量を少しプラスしやすくなります。

低学年から中学年になる小学三年生は子どもの中でも「もう低学年ではないし」という気持ちが芽生えてきます。こうした心境や学校内での立ち位置の変化を好機と捉えて、学習時間を少しずつ増やしていきましょう。親が密かに増やしていくことで子どもも勉強時間の長さを意識せず、精神的な負担も少なく済みます。

▶第四章◀

学力差が広がる小学四年生の勉強法

いよいよ小学四年生になると学力グループが固定し、学力差が表面化してきます。ここから学力グループを脱して上位に移動するのは容易なことではなく、子ども自身のやる気次第になってきます。親としては徐々に近づいてくる中学生に向けて、本格的に家庭学習の見直しや苦手克服をしないといけない時期になります。そこで**第四章では学力差が広がる小学四年生の勉強法をご紹介していきます。**

我が子の現在の学力や苦手とする教科、単元をしっかり確認して早め早めに動くようにしてください。学力の高い子達は小学四年生以降、さらにギアを入れて知識を増やしていきます。学びの質が難化することで「解きごたえのある問題を解きたい」「もっと知識を増やしたい」と学習意欲が高まっていくからです。学力上位層は天井知らずとばかりに自分たちの学力を上げていき、上位層に食い込みたいと思っている子どもにとってはついていくのがやっとになります。

勉強を楽しく感じるようになるには難しい問題ばかり解くことではなく、解いていて分かる問題を増やしていく過程がまず必要になります。「分からないことばかり」を解消するには、当然ながら勉強量を増やすしかありません。小学四年生になると楽をして成績が上がる方法がないことに気がつき、本気で学力低下を防ぎつつ学力向上を目指すには「努力」「自分の苦手を把握する」の二つが欠かせません。

単元を理解するスピードは運動神経と同じように個人差があり、それを大前提として勉強を進めていかなければいけません。一回の説明や例題を解いただけで理解する子もいれば五回、十回でようやく理解する子もいます。我が子はどういうタイプなのかをしっかり把握して、家庭学習を進めていきましょう。

ただし、学力差が広がる学年ですが、決して子どもの許容範囲を超えるような勉強時間を強制するようなことはしないでください。そして、のみ込みの早い子と比較せず、目の前にいる我が子の学力向上につながる勉強法を考えてください。

テストのやり直しをする

一年に数回のテストしか行われない中学校とは異なり、小学校では頻繁にテストが行われています。単元が終われば時間を空けずにテストがあるので、比較的高得点が取りやすいと言われています。しかし、学年が上がるにつれて内容も難しくなり満点を取る子は減少。高得点を取る顔ぶれが固定してきます。こうして学力の序列が作られていく中で、「自分は勉強には向いていない」と少し投げやりになる子も出てきます。

小学四年生頃になると心の成長も著しく、他者との違いを意識し自分が苦手だと感じることを避けたがる子も増えてきます。**勉強に対して前向きな気持ちになっているかどうかは、学校のテストの点数の変化である程度読むことができます。**親が見ても難しそうな単元でどのくらい取っているのか、漢字テストで再テストを受けているかどう確認してください。

小学校では採点したテストを返却した際、その場で間違え直しをすることがあります。しかし、その場の雰囲気で何となく答えを書くことや、周囲の人の直しをチラッと見て答えを書いてしまうこともあるので、子どもが本当に理解してやり直しをしたのかは分かりません。渡されたテストの点数で叱るよりも、単元をちゃんと理解しているのかどうか確認することに意識を向けるようにしましょう。

四年生になると反抗期に入る子もいるので、これまでのような叱って勉強させるでは通用しなくなります。勉強に関して親子が言い争いをするのは昔も今も変わらず、多くの家庭で起きていますが、子どもは親から叱られたりするのが嫌でなりません。毎回親から感情的にガミガミ言われるのが分かっているのでテストを勝手に処分するようになってしまえば、子どものつまずきポイントを探る大きな手立てを失うことになります。

悪い点数を目にして何事もないように振る舞うのは難しいですが、グッと冷静を装い**「今回は難しかったの」「どこの問題でみんな間違えていた」「この単元は苦手なのかな」と建設的な言葉を投げかけて、子どもの本当の気持ちを引き出す**ようにしましょう。親が感情的でなければ「授業を聞いていてもよく分からなかった」と子どもも本音をポロリと口にします。

理解不足であればテストのやり直しだけでなく、しっかり復習をする必要があります。ピンポイントで一つの単元がとくに苦手であれば、インターネット上の無料教材をフル活用して理解を深めるようにしましょう。何度も類題を解いていくうちに「分かった！」と感覚をつかむようになります。

子どもが確実に理解するまで、親も教材を準備してください。正直なところ、インターネットで探して印刷するという作業は意外と時間がかかり面倒です。この時に「すぐに理解できないから悪い」とか「こっちだって色々とやることあるんだから」と小言を言わないようにしましょう。せっかく頑張っているのに水を差すような言動をされては子どももガッカリしてしまいます。行き過ぎた子どもファーストはいけませんが、子どもが困っている時に手を差し伸べるのが親の務めです。苦手な単元をどうにか克服したいという子どもの頑張りを励まし、サポートしていきましょう。

小学四年生、そして高学年と成長していくと自分に合った勉強法にたどり着くようになります。まだそこにたどり着く途上なのですから、ある程度親が関わりを持ってテストのやり直しをしていくようにしてください。特定の教科のテストの点数が落ち込んできている場合は、テストのやり直しだけでは成績が上向きになるのが難しいです。**教科書ワークや基本的な問題が大半を占めている問題集またはドリルを購入し、基礎の復習をしていくことが大切**です。

クラス内で児童間の点数差が大きくなってくる小学四年生では、テストの存在はそれまで以上に子どもの立ち位置を決める要素になってきます。学校のテストで良い点数が取れれば自信に繋がりますし、周囲から「あの子はできる子」と一目置かれる存在になります。もちろん、それだけが目的で勉強を頑張るわけではありません。しかし、心の成長も見られる年頃なので、テストの出来不出来は親が思う以上に子ども達にとって色々な意味で大きな意味を持ちます。

平均よりも上を目指してテスト直しをする、または教科書ワークに取り組んで次のテストで8割以上を目指して「今学んでいることを定着させる」を繰り返して、学習時間を自然と増やしていきましょう。

テスト前に復習をして点数アップを目指す

低学年では単元が終わった後に受けたテストで頻繁に高得点や満点を取っていた子でさえ、小学四年生になると思うように取れなくなってきます。「難しくなっている」と思っていたら高得点を取っている子の顔ぶれは同じで、学力グループが固まっていきます。

小学四年生を境にして形成されている学力グループは中学校に入ってからも受け継がれるため、十歳頃には「進学できそうな高校」の見通しが立てられます。もちろん、そういう現実を多くの子どもたちは知りませんし、親の中でも「まだ小学四年生だし、中学のことは先のこと」と中学での勉強やその先の進路を遠い未来のように考えている人もいます。けれど、現実は残酷で小学四年の頃の学力レベルをベースにして進学できる高校もほぼ決まっていきます。

勉強をして所属している学力グループから脱出したいと本気で考えているのであれば、小学四年生の学校のテストを軽くあしらわずにしっかり対策をして勉強に励むことが大切です。どの教科も学ぶ内容が難しくなり、一回や二回で理解できない単元も増えてきます。周囲が点数を落としていく中、自分は高得点をキープしていると勉強に対して自信を持つようになります。

子どもが勉強するかどうかは親が騒いだりお金を費やしたりしても、結局は子ども本人のやる気がなければ成績が上がることはありません。学校のテストの結果は子どもの意欲を引き出す際に手っ取り早い上、親のほうも対策をしやすいです。

単元テストの実施は先生が事前に「来週テストをします」などと教えてくれることや、テストが近づいているのを何となく分かる子もいます。配布される年度の行事日程にしっかり明記されている中学校での定期テストと異なり、小学校のテストを行うタイミングはきっちり統一されることは少ないです。親が正確に「この日にテストをする」と把握することができないので、習っている単元内容に合うインターネット上の無料教材を印刷して家庭学習に取り入れたり、教科書ワークを利用したりと準備をしましょう。授業の理解度を深めるとともにテストで良い結果を残せることにも繋がります。

小学生のうちは学校のテスト対策をする子は少数派です。ですから、しっかり家庭学習をしてテストに臨む子ほど高得点を取りやすく、学年が上がっていけば数少ない「高得点連発グループ」の一員に入りやすくなります。成績の良い子、学力上位者は勉強するのが当たり前という感覚を持っていて、自分から勉強する子が多いです。親から厳しく言われて仕方なく勉強している子も中にはいますが「全く家で勉強していなくて満点を取る」という子はいないと思っていいでしょう。
もちろん、学校の授業だけですべてを理解して覚えてしまう子もいますが、特別な存在です。そういう滅多にいない神童を羨ましがらず、どのようにして我が子のテストの点数をアップしていくのか考えてください。いくら単元テストとはいえ、その単元だけに力を入れてもいけませんし、たった一回勉強しただけで効果が出るほど甘いものではありません。そして一度点数が良かったから満足するのではなく、家庭学習を継続させるようにテスト対策をして単元テストに臨む習慣を身につけるようにしましょう。そうした習慣は、計画的に勉強をして定期テストを受けることが必要となる中学入学後に大きな強みになります。

小学校のカラーテストでも教科によって構成は異なります。国語であれば漢字と読解問題。算数であれば基本問題、文章題と応用問題と大まかに分かれています。**いつもどの分野で間違えて点数を落としているのかを親子で振り返ってみましょう。テストは**返却したらすぐに処分する家庭も少なくないと思いますが、**子どもの弱点が分かる最高の資料**です。

答えが合っていても乱雑な字でバツになっていることもあります。塾で生徒の答案を丸つけするさいに、「答えは0だけれど6に見える」という理由でバツにした経験があります。本人は「0」と書いていても、他者から見たら「6」にしか見えないこともあるのです。そうした弱点は親の目を通して見えてくるので、**子どもが嫌がってもテストの答案をじっくり見て「どういう問題に弱いのか」「字の丁寧さ」をチェックしてください。**

小学一年生～三年生までの漢字を総復習する

漢字が苦手な子は小学三年生の漢字からまともに書けなくなりますし、それなりに漢字が書ける子でも間違えてしまうこともあります。小学生の頃は50問テストの答えが事前に配布されることもあり、子どもの本当の漢字の実力を親だけではなく子ども本人も分かっていないことがあります。そして、漢字定着を軽視していたことの重大さに気がつくのは中学生になってからです。

「漢字で書きなさい」と指定されたテスト問題で点数を落としたり、小学校で既習済みの漢字が書けないことで減点対象になったりすることもあります。小学四年生以上になると習う漢字はさらに複雑化し、同音異義語はますます増えていきます。こうした未来が待ち受けているため、小学三年生までの漢字を侮っていると痛い目に遭います。習った漢字は「何となく書けるし読める」と思わず、しっかり復習をして確実に書けるようにしましょう。

私も塾で漢字を苦手とする生徒を担当する機会がありましたが、中学生になり塾で先生から小学校三年年生から六年生のプリントを手渡されて書かされるのは思春期真っ只中の中学生には恥ずかしいようで、周囲の目を気にしていました。生徒の気持ちを察して、宿題で出すように切り替えましたがいかんせん膨大な量です。一週間分の宿題を渡してもほとんど取り組んでくれませんでした。

取り組める量が少しであれば継続する意欲も出てきますが、小学三年生の漢字でも200文字程度あります。さらに様々な漢字の組み合わせでできる熟語も覚えなければいけません。200文字であっても実際はそれ以上に多くの言葉を覚えなければならず、漢字が苦手な子にとっては既習漢字の練習は非常につらく厳しく、復習をスタートして早々に挫折していました。

小学生の頃に漢字を軽視して良いことは一つもありません。漢字の総復習は修行に似ていますがそれを乗り越えられるかどうかは、学年が上がるにつれて親の小言ではなく、子どものやる気次第になってきます。高学年になると学校の授業でグループ学習を行ったりすることも増えてきますが、そのなかで正しい漢字が書けないことが多発していれば「あの子は漢字が苦手」という印象を強く与えてしまいます。一生懸命勉強して漢字を克服しようとする子もいれば、「苦手だけど今は予測変換もあるし覚えなくても生きていける」とあっけらかんとして特段何もしない子もいます。そうした気持ちの差が漢字力に影響を与えていくので、**小学四年生までに既習漢字の総復習をしていきましょう。**

漢字を覚える速度は個人によって異なり、二、三回書いて覚えてしまう子もいれば時間がかかる子もいます。時間のかかる子や漢字が苦手と感じている子は第二章で紹介した「漢字練習では漢字の意味を理解させる」の方法で漢字が持つ意味を理解し、教科書や漢字ドリルに出てくる熟語の使われ方を覚えて語彙力を強化していくようにしてください。漢字を克服するタイムリミットは小学四年生頃です。それ以上の学年になると英語も加わり国語に時間を割くことが難しくなります。

漢字の苦手な中学生を見ていても、生徒達は勉強時間のすべてを漢字に注ぐくらい努力しないと克服できないほど深刻でした。しかし、実際はそんなことはできません。部活動をしつつ国語の読解力を上げることも、英語の文法や英単語を覚えることも、数学、理科社会の勉強もすべてやらないといけない状況で小学校で習った漢字に時間を費やすことは不可能でした。

ですから、中学生に比べれば自由時間のある小学生の間に漢字をしっかり復習して、定着させておかなければいけません。しかし、一気に既習漢字を復習させようとしても子どもが嫌になってしまうので、最初は確実に読み書きができる一年生から進めましょう。使用するドリルは書店で購入できる定番のものだけでなく、百均のドリルそしてインターネット上の無料教材を印刷したものと家庭の予算を考慮して取り入れてみてください。とても便利な時代になり、格安または無料でも良質の教材を手にすることができます。

総復習をする場合、教材を購入するのにまとまったお金がかかるので、お金を抑えつつ子どもの苦手克服を目指していきましょう。

計算力向上はタイマー導入が効果的

小学三年生で算数の四則計算をすべて学び終え、四年生以降は小数や分数の計算を勉強するようになります。一目で見て計算できるレベルではなく、それぞれのルールに従って計算するため、算数が得意な子でも少し手間取ってしまう単元です。より一層計算力が求められるようになります。

小学四年生は算数の内容が抽象化し、他の単元でも思考力が問われるので苦手意識を感じる子が徐々に増えていく学年と言われています。一度算数に対して苦手意識を持ってしまうと払拭するのが難しくなり、その意識を持ったまま中学に進学してしまえば今度は数学の成績、それに伴い高校受験にも影響を及ぼします。また、少し先のことになりますが数学は大学の進路でも文系または理系選択に深く関わる教科です。数学を苦手としていることで進路選択の幅が狭まってしまうこともあります。**小学四年生という学力差だけでなく算数への苦手意識も出てきやすいタイミングで、計算力を向上させることはこうしたデメリットを阻止するのに役立ち**ます。

計算問題自体が難しくなるため、どうしても解くスピードは遅くなります。親としては確かな計算力を身につけさせようとたくさん問題を解かせようとしますが、それでは逆効果になることもあります。毎日大量の問題を解くように強制され、嫌々解いていたら計算嫌い、算数嫌いに拍車がかかるのは火を見るよりも明らかです。自分から勉強するかしないかは子どもの気持ちに左右されます。確実に取り組んでもらえるよう、まずは取り組ませる計算問題の量を増やすよりも**先に計算スピードと正確性を鍛えて**いきましょう。**タイマーを導入し、計算する時間を測る**ことで「前よりも速く解けた」と子どもも実感するようになります。

学年が上がると計算スピードの速い子はメンバーが固定され、クラス内でも「あの子は賢い」と周囲から見られるようになります。前の自分よりも速く解けるようになったという手応えと周囲の見る目が変わるという経験は、子どもの自信が少しずつついていくことにも繋がります。そして、時間を測定して解くことでダラダラ解く習慣がなくなります。どんなテストでも制限時間が設定されています。小学生の頃から時間を気にしながら勉強をしていると、中学生になってからの定期テストや受験でも慌てずに問題に取り組めるようになります。

計算スピードを鍛えるためには、子どもが確実に毎日取り組んでくれる量と子どものレベルに合った計算ドリルを準備しましょう。そして、**家庭学習をする際に使用するタイマーを購入**してください。家にある余っているキッチンタイマーでも構いませんが、料理を作る時のタイマーと併用すると「勉強したいのにできない」という状況を作り、「やっぱり後でいいや」と勉強を後回しにすることや、やる気がしぼんでしまうこともあります。その点、子ども専用のタイマーがあると他のタイマーの使用状況を気にせずに計算ドリルに取り組めます。

計算をする時にタイムを測るとゲーム感覚になり、前の自分よりも速くなりたくて「頑張るぞ」「負けないぞ」という気持ちが自然と出てきます。「今日は何分以内に全部解きたい」と具体的な目標を掲げやすいというメリットもあります。ただし、速いだけではいけません。いくら計算が速くても間違いが多発すれば直しに時間がかかり、フラストレーションを募らせて「やっぱり計算で時間を測らない」と投げてしまう子もいます。ミスなく解けることを大前提にし、スピードと正確さを向上させていかないと実りは少ないです。親も「どのくらい合っていたのか」としっかり確認しましょう。

計算スピードや算数での高得点は、小学校の授業の中で最も学力をアピールできるスキルです。自慢すると嫌味に聞こえてしまいますが、学力差が広がり低学年では算数が得意だった子も思うように点数が取れない中で、確かな計算力とスピードを兼ね備えていると「努力をすれば結果が伴うようになる」という成功体験を積むことになります。

高学年に近づくと抽象的な内容を学ぶため、計算力よりも思考力重視の教科に変化していきます。しかし、子どもにとっては計算が速いほうがより「自分は算数が得意」と実感できるスキルです。もちろん、思考力の重要性は高まっていきますが、難化する算数を乗り越えるためにも**自信を持って算数を学んでいける雰囲気も大切**です。そうした空気を作るには、**計算スピードと計算力をアップする家庭学習に取り組んで**いきましょう。

身近な題材を扱う社会では47都道府県の暗記がポイント

社会は小学三年生よりステップアップしているとはいえ、四年生の内容は歴史や公民そして日本地理を本格的に学ぶ前の段階という位置付けになっています。住んでいる地域のごみ収集や焼却場、上下水道の役割など生活に密着した大切な仕事を学びながら、グラフなどの資料の読み取り方や表現の仕方も習います。また、校外学習を通じて班別行動や事前の下調べ、実際に見学して感じたことや知ったことを書きとめて見学後の発表に活かすという流れも教わります。

社会が好きで学習漫画をどんどん読んでいる子にとっては少し物足りなさを感じるかもしれませんが、油断は禁物です。身近なテーマばかりと思いきや**四年生の一学期には47都道府県の位置と名前を覚えます。**興味のある子以外は一回ですべてを頭に定着させることは不可能に近く、しかも**自治体名の漢字はすべて小学校で習う漢字という扱いになっているため、基本的には漢字で書けるようにならないといけません。**

自分の住んでいる自治体、そして近隣の自治体や祖父母の住んでいる自治体なら名前と場所が一致していてもその他の自治体の場所を暗記し、都道府県名を書けるようにするのは簡単なことではありません。白地図に何度も書いては直しを繰り返して暗記するしかなく、サラッと通り過ぎれないほど重要な単元が小学四年生になって時間が経っていないうちに授業で学びます。

その後の社会は校外学習に出向く単元内容に入るため、時間が経過してしまえば都道府県名を習ったことをすっかり忘れてしまいます。さらに言えば今の子ども達は普段から地図に触れる機会がほとんどありません。スマートフォンで簡単に行先を検索しルート設定もできるため「目的地周辺の情報を事前収集していた」という経験を積んでいませんし、これからも日常生活で積む機会もほとんどないでしょう。こうした時代背景もあり、都道府県の名前と場所を覚える必要性が高くはないので学習意欲は高くなりにくいです。

家に地図がなく、学校の社会の時間に地図帳を見る程度の子ども達が、自然と暗記することを期待するのは無理があります。けれど、いきなり白地図を渡して都道府県名を書かせても子どもにとっては苦痛でしかありません。楽しみながら覚えるほうが定着しやすいので、子どもに一方的に押し付けるのではなく家族全員が参加する形で学んでいくようにしましょう。まずは知育教材として市販されている日本地図をリビングやお風呂に貼るようにしてください。例えば、「このピーマンは高知県産」と野菜や果物が作られた場所を親子で確認していくと、どの辺りにどの県があるのか把握しやすいので、都道府県の位置が少しずつ分かるようになります。

親子のコミュニケーションを通じて都道府県の場所が何となく分かってきたら、白地図に都道府県名を記入する勉強へとステップアップしましょう。白地図への書き込みは最初から何も見ずに書いていくパターンと、地図を見ながら書くパターンの二通りがあります。子どもの性格によってどちらから始めるかを考えてください。何も書けないと落ち込んでしまいそうな子は、地図を見ながらで作業を進めるようにしましょう。負けず嫌いな子は現状の自分の不甲斐なさに奮起するので、真っ新な状態の地図にどのくらい書けるのか実力を自覚させて「全部書けるようになる！」という気持ちを引き出すようにしてください。

すでに日本地図が壁に貼ってある場合は、親子の会話で各都道府県の特産物の話をして場所を覚えるようにし、**四年生の春先から都道府県の場所と名前が完璧に分かるように、継続的に家庭学習に白地図の書き込みを導入して日本地理の基礎を鍛えて**いきましょう。そして、白地図に都道府県名を記入する際は必ず漢字で書くようにし両隣の県の位置を覚えておくと、小学校高学年や中学で日本地理を勉強する際に山や川の場所が「あの県とこの県にまたがる」「三県を流れる大きな川」という先生の説明をすぐに理解できます。

社会は暗記科目と言われることが多々ありますが、小学四年生の社会では47都道府県が進級直後に登場し、いきなり学年の山を迎えることになります。校外学習に出かける単元も多い学年なので、**都道府県名をどれだけ覚えられるかが大きなポイント**になります。そして、中学社会や高校地理でも避けては通れない基本の知識です。抜け落ちがないように日頃から勉強してしっかり定着させていきましょう。

専門性が高まる理科も問題集を購入する

小学一年生の生活科でのアサガオの観察から始まった植物観察は、小学四年生になると気温や天気といった気象条件も含めた学びへと進化していきます。気温の変化をグラフで表すといった科学的見地に立った観察手法で、どのように植物が成長していくのかを授業を通じて勉強していく一方で、「体積」といった専門用語も登場します。

体積は算数では小学五年生で学ぶ単元ですが、理科では一足早く四年生の「ものの温度と体積」で勉強します。この単元では、空気の体積が水とは異なり変化することを学ぶ物理分野の基礎です。体積という言葉はもちろんのこと、目に見えない当たり前すぎて普段意識することのない空気を扱うため、小学四年生の理科は子どもが思う以上に専門性が高まっていきます。

学校のテストでは穴埋め問題に学んだ用語を書き込めばそれで丸がもらえるケースもありますが、それでは本当に理解しているとは言い難い状況です。小学生の理科は中学での理科の土台になるため、「何となく分かっている」では中学進学後に勉強する内容をすぐに理解できない可能性が高くなります。先を見据えて小学四年生からは、理科対策として問題集を購入し学校の授業内容を理解させる家庭学習をしていくようにしてください。

学校の宿題は国語の漢字練習と算数プリントが柱で、理科と社会の宿題が日常的に出ることはありません。ですから、各家庭でどれだけ理科と社会の勉強をさせているかでテストの点数に差が生じやすいと言えます。また、理科も社会と同様に子どもの興味関心で勉強する意欲が左右される科目です。専門性が高まる四年生になっても、「うちの子はあまり興味がないから」と学校の授業オンリーで勉強を簡潔させないようにしましょう。理科のテストで出てくる専門的な言葉がよく分からないと、間違えは増えてしまいます。年齢関係なく人は興味の薄いことを覚えるのに時間がかかります。理科に関して「ちょっと理科には興味なさそう」と感じたら、学校の勉強の補修になる教材を準備してください。

理科好きにさせなくても「この内容は知っている」「分かる」という経験を重ねていくことで理科への関心が芽生えてきたり、苦手意識が出てこなくなったりとプラスに働きます。小学四年生では「天体」や「体のつくり」、「もののあたたまり方」と暗記や観察、そして考察が必要な単元をまんべんなく学びます。こうした力を伸ばして高学年へと繋げる重要な学年です。**理科の学び方を軽視しているとつまずいてしまい、思うような点数が取れなくなっていくので、「分かった」という成功体験ができるような問題集やドリルを購入しましょう。**

小学生では国語と算数、中学生になると英語と数学の陰に隠れてしまう教科の一つですが、他の教科と同じように重要な科目です。暗記も多く、生物系、天体系、化学系、物理系、地学系とジャンルは多岐にわたります。各ジャンルでも好き嫌いや得意不得意が存在することも珍しくないため、苦手ジャンルを克服することも忘れてはいけません。私も小学生の頃、植物系が苦手だけれど天体系は得意と単元によって好き嫌いがあり、理科のテストの点数の差が激しかったです。一見すると理科がそこそこできているように思えても、細かく見ていくと理解していない単元が存在していることがあります。

私の場合はそれが生物分野にあたり、中学進学後に植物の単元を学んだ時は専門用語がたくさん出てきて何が何だか分からなくなりました。小学生理科のつまずきを放置していると、中学で総復習するのにかなりの時間を要することになります。もちろん、そこまでのやる気と古臭い言葉かもしれませんが根性があるかどうかは本人次第なので、匙を投げる子がいても不思議ではありません。小学校での学びは中学そして高校にまで繋がっていきます。

理科の各分野の基礎を学び、確実に小学三年生の頃よりも難しくなっている四年生の理科を「まだまだ簡単そうだし」と軽視せず、**家庭学習用に必ず教材を購入**しましょう。なぜ無料教材ではなく購入が良いのかというと、**「理科の学びの流れ」と「資料集として見返すことができる」と**

いうメリットがあるからです。単元テストへの備えはインターネット上の無料教材でも十分対応できますが、理科を深く理解するには子どものレベルや相性に合う問題集など一冊置いておくと心強いです。

語彙を鍛え論理的な文章に慣れさせる

新しく始まった学習指導要領では思考力や表現力を鍛える学びになっており、その影響は低学年の授業でも出ています。起承転結で自分の意見を述べるひな型を教えてもらいますし、生活ではアサガオの観察の発表を全員行います。このように親世代よりも格段にアクティブラーニングが増えているだけでなく、どの生徒にも平等に機会が与えられています。こうした活動を通じ、小学四年生になるとクラス内で勉強もできて発表が得意な子と苦手な子が認識されてきます。その中でも特に「あの子は違う」と感じさせる**ポイントの一つが語彙力**です。

昭和や平成初期の勉強が得意な子のイメージは、計算スピードの速さが絶対条件でした。しかし、時代は流れ計算だけでなく相手に説明させる言語能力の高低も、「あの子は勉強が得意な子」という印象を与えるスキルになりました。もちろん、「できる子」というイメージアップさを目指すためだけにそうした能力を向上させるわけではありません。しかし、人から頼られ自分の能力を発揮できるのは大人も子どもも関係なく「みんなのために役立てている」という自己肯定感を強化し、意欲的に行動できる大きな土台となります。語彙を鍛えることでみんなの前で堂々と発表できるようになり一目置かれる存在になるだけでなく、自分の言いたいことの表現の幅が広がります。

また、**語彙を鍛えると同時に、論理的な文章を普段から目にするように誘導**してください。国語の読解問題は物語文と説明文の二つに分けられ、とくに説明文は国語の教科書に載っているのを読むだけという子がほとんどです。読書が好きな子でも選ぶ本は物語に偏りがちになり、説明文を好んで読む子はかなり珍しい存在です。

説明文だとジュニア新書といった類いの本になりますが、子ども自らがそうした類いの本に手を伸ばすのは稀です。親としては様々な文章に触れてほしいと願っていても、現実はそう上手くいきません。**説明文を読んでほしい時は、新聞のニュース欄や親が選んだインターネット上のニュース記事を読ませるようにしてください。**物語でよく出る語彙と、説明文で登場する語彙は異なることが多々あります。説明文や記述問題を解く際は説明文に出てくる語彙が大いに役立ちますし、理論的な文の構成は学校の発表での文章を考える上でも参考になります。

説明文に馴染みのない子でも楽しく読める本を探し、一緒に読んでみるのもおすすめです。例えば子どもに人気のある漫画やアニメの世界を科学的に検証する本のシリーズや、科学ジャンルの子ども電話相談をまとめた本は子ども達の目線の不思議を大人が説明しています。自分の子どもがずっと疑問に思っていたことが取り上げられていたら熱心に読み出します。

論理的な文章を読むには自分自身にも論理的思考力が足りないと、すべてを理解することが難しいです。学習指導要領が改訂の影響でテストでも文章題や記述問題が増えています。中学校の定期テストも説明させる問題が増え、語彙力と思考力がないと上手くまとめることができなくなっています。ただ論理的な文章を読めるようになればいいのではなく、自分の口もしくは文章で説明できる力も進級進学していけば求められるようになりました。こうした力は短期間で鍛えて結果が出るものではありません。**学力差が出やすくなる小学四年生の頃から家庭で意識して、子ども向けの説明文を読む機会を増やしていく**ようにしましょう。

これまで日本人は論理的に話をすることや考えることを敬遠する風潮があり、「なんとなく」という曖昧さや推論で物事を進める文化、社会でした。しかしグローバル化が進み論理的思考が常識の世界と交わっていけば、日本らしさで仕事をしても通用しなくなるのは当然の流れです。今の子ども達はさらにグローバル化が進んだ世の中で生きていくのですから、自分の意見を言って納得してもらえるだけの語彙力や論理的思考を鍛える必要があります。各教科の成績だけでなく、すべての教科に通用する力を鍛えることも忘れないでください。

▸第五章◂

子どもが勉強する意欲が湧く親の関わり方

子どもが成長していくと親に対して反抗的な態度を取り、勉強しなさいと小言を言うと無言で立ち去ることも増えてきます。多くの親はこうした子どもの様子を見てため息ばかりついてしまいますが、どうして子どもが勉強をやりたがらないのか気にしたことはあるでしょうか。小学校に入る前は多くの子ども達が「勉強頑張る」と口にしていても、いざ小学校生活が始まればスラスラ問題が解ける子、つまずいてしまう子、そして勉強する意欲が低下する子と勉強への取り組み方が子どもによってかなり変わっていきます。

その違いは低学年の頃から生じていますが、はっきり分かるのが小学四年生になってからです。低学年の頃は同じような点数を取っていたのに、いつの間にか子どもの友達はクラスでも優秀な生徒の地位を築き、一方の我が子は高得点が取れなくなってきている。そういう現象が一気に噴出します。

成績が低迷するのは子どもの努力不足だと思い、子どもを叱ってしまいたくなりますが、一度立ち止まって普段の親子関係を振り返ってみてください。勉強するしないは気持ち次第です。これは親にとっての仕事に置き換えて考えてみましょう。乗り気ではない仕事だと何とか先延ばしをしたり、または時間をかけたくなくてサッと済ませようとしたりしていませんか。さっさと仕事を終わらせられればいいことなのですが、どうも乗らないという気持ちが強くなってしまう。子どもが勉強と向き合っていないのも、気持ちの問題の可能性が高いです。また、勉強する環境を親が先導して整えていくことも大切です。そして、子どもだけでなく親の考えなども振り返って改善していくことも必要です。

第五章では、子どもが勉強する意欲が湧いてくる親の関わり方を七つご紹介していきます。普段の生活ですぐに実践できるものばかりです。もちろん、一日二日で効果が出るものではありませんが、子どもの気持ちを理解して勉強に対して前向きに取り組める道筋を作っていきましょう。現状を変えるには今動くしかないのです。

子どもの話に耳を傾ける

　子育てをしていると、小さい頃は親がうんざりするくらい話を聞いてと子どもがアピールしてくる時期があります。親にベッタリくっついて「今日ね、こんなことがあったの！」とどんなことでも話をしてくれた子どもは、成長するにしたがって口数が少なくなります。つい数年前は色々なことを話してくれたのに、気がついたら学校のことを全く話してくれなくなっていることもあります。「小さい頃は可愛かった」と口にしてしまいたいところですが、自分の子ども時代はどうだったか胸に手を当てて思い出してみてください。「小学校高学年の頃になると親を煙たがるようになった」と思い出す人は少なくないでしょう。かく言う私も小学四年生頃から凄まじい反抗期に入り、親とは極力会話しないようになりました。

　どうしてそうなったか振り返ってみると、まずは親が子どもの話をまともに聞いてくれないことや、親が自分の話ばかりしていたのがきっかけです。学校であったことなどを話そうとしても「疲れているからまた後で」「今度ね」「そんなことよりお母さんは本当に大変なの」とその時に話を聞いてくれないことがずっと続きました。話をしてもまともに耳を傾けないことが多く、そういうことが積もり積もって四年生頃に「親に何を言っても話を聞いてくれない」「自分には関心がないのだ」と自己解釈をし、ある意味こじらせてしまったのです。それと同時に、「たとえ勉強を頑張ったとしても親は褒めてもくれないだろう」と勉強への意欲はますます低下していきました。

それでは、当時の両親は私の気持ちを理解していたのかと言えばそうではありません。単なる反抗期と思っていました。いつしか親との会話が減っていくものの原因の一端を自分たちが担っていると全く想像すらしていなかったのです。

ある日突然、子どもに話しかけても反応が鈍くなったら何か原因があるはずです。親にとってはどうでもいいことでも、子どもにとっては深く傷ついていることもあります。原因が分からない中でとりあえず、「この前、嫌なこと言っちゃったかな」と申し訳なさそうに話しかけて反応を探ってみてください。下手に出るのが嫌で親のほうも負けまいと頑固な態度を貫いても、現状を打破することはできません。大人である親のほうが妥協して子どもに寄って動くようにしてください。

どう考えても言葉数が減った原因が全く分からないのであれば、**子どもから話しかけてくる時は全力で耳を傾けて**ください。自分の話を聞いてくれる人に悪い印象を持つことはなく、**信頼関**

係を築く上で大切なポイントになります。最近話を聞いてくれると感じたら、子どもは徐々に以前のように話をしてくれるようになります。

「親子なのに信頼関係もなにもない」と不満に感じる方もいると思います。しかし、心の成長が著しい小学四年生頃は親が考えている信頼関係が簡単に崩れることも、その逆も起きることもある不安定な時期に突入していきます。あれこれ勉強や生活態度について指図する前に、子どもの気持ちに寄り添うように接していきましょう。

また、成長すれば学校内でのトラブルも増えて勉強へと意識が向かないような問題を抱えている可能性もあります。しかし、それを口にしたら親が大騒ぎをしたり軽くあしらわれたりすると察し、親との会話を控えている子も少なくありません。子どもの気持ちやどんな感情なのか分からなくなってきているのは、裏を返せばそれだけ子どもが成長している証でもあります。

幼児期から小学校低学年の頃のような距離感は二度と戻ることなく、少しずつ親からの旅立ちへの準備をし始めるタイミングです。何かと物思いにふける年頃になってくるので、以前と同じ感覚で親があれこれ聞き出すことや探りを入れようとすると、「相手するのも面倒くさい」とさらに無口になります。親子関係が微妙に変化していく時期になるため、子どものほうから話をしてきたらじっくり聞いてあげましょう。親として先輩風を吹かせるのではなく「分かる。そうだよね」と気持ちを認めていく姿勢で傾聴を心がけてください。

親子だから信頼関係が強固とは限りませんし、簡単に崩れ去ることもあります。親が思う以上に子どもの気持ちは親から離れているかもしれません。日常の些細なことでも親子の会話を大切にしましょう。

勉強している間はスマホでゲームや動画視聴を控える

家で勉強している時、周囲の環境はどうなっているでしょうか。雑音がなく勉強する周辺は整理整頓されていて勉強道具を広げるスペースがある。こういう環境が望ましいのですが、現実はそうとは限りません。まずは子どもが日頃勉強する場所の近くにスマートフォンやタブレット端末、ゲーム機や漫画を置かないような学習環境を整えるようにしましょう。そうした環境が完成しても、親が気をつけなければいけないことがあります。それは子どもが勉強している間にスマートフォンでゲームをすることや、動画視聴を控えるということです。

親世代が子どもの頃、おそらく積極的にテレビゲームに興じていた親はかなり珍しい存在で、「テレビゲームは子どもがするもの」という雰囲気が浸透していました。しかし今ではテレビゲームで遊んでいた世代が大人になり、親となると今度は「親子で一緒にテレビゲームで遊ぶ」という家族が増えてきました。ゲームの中にはそうした家族をターゲットにしたものもありますし、私の周囲でも一緒に親子でゲームを楽しんでいる家庭は少なくありません。「大人がテレビゲームをするのは恥ずかしい」という時代から「大人もゲームユーザー」と時代は変化しています。そのため、子どもが勉強している時にゲームをしている親もそれなりにいるのではないでしょうか。専用のゲーム機を起動してテレビで遊ぶ時代から、スマートフォンにゲームアプリをダウンロードしたら簡単に遊べる時代になりました。とくに大人は休日になれば完全なるオフタイムとなり、ずっとゲームをしていても問題はありません。自分には勉強しなさいと言ってくるのに、ゲームばかりしている親の姿を見て子どもはどう思うでしょうか。勉強しなさいと言われている子どもにとって納得できないことです。親からガミガミ言われていることがバカらしくなり、勉強する気力が湧いてこなくなるのも仕方がないことです。

また、ゲームと同様に動画視聴も気をつけてください。

以前ならテレビ番組を見ていたことが、今は動画投稿サイトや動画配信サービスの視聴へと変わってきています。大人も子どもも関係なくスマートフォンやタブレット端末、またはインターネットに接続したテレビで簡単に見ることができます。テレビ番組の場合は時間で区切られていますが、動画投稿サイトはおすすめ動画が次々に流れるため、つい見てしまいます。動画配信サービスも気になるドラマや番組がたくさんあり、しかも好きな時に見られます。休日の日に一気に見る大人も珍しくありませんが、すぐ近くで子どもが勉強している中でずっと動画視聴しているのは考えものです。

子どもも動画視聴が当たり前の中で育っているため、見られるものならずっと見たいというのが本音でしょう。けれど、親からルールを決められている子どもにとって、見放題は夢のまた夢です。子どもには厳しくしているのに自分には甘い親の行動に疑問を感じ、不満を持つようになります。子どもに勉強させる、または勉強している間は親も動画視聴を延々とすることのないよう気をつけてください。

せっかく子どもが勉強しているのに、すぐ隣の部屋から親の笑い声が聞こえてきたら集中力が切れてしまいます。子どもに厳しいことを言うのであれば、親も自分の行動を律するようにしましょう。普段、家でゲームや動画視聴をしているのであれば、子どもに「勉強している間はゲームや動画視聴などをしない」と約束してください。**親が心を入れ替え、勉強の妨げになることをしないという決意を見て、「自分も頑張らなくては」と意欲が湧いて**きます。

子どもに「勉強しなさい」と指示することは誰でもできることです。ただし、勉強しやすい環境や雰囲気を作ることは親も関わらないと完成することはできません。親がゲームや動画視聴をしていると、その雰囲気をぶち壊すことになります。四六時中テレビが流れている家で育った私は、子どものやる気を引き出すには親が「子どもが勉強しやすいような環境を作ろう」という意識を持っているかどうかで左右されるということを嫌というほど知っています。親は気にしないかもしれませんが、子どもが勉強するかしないかは親の言動の影響も決して小さいものではありません。普段の自分の言動を思い返し、子どもの勉強への意欲を削ぐようなことはしていないか振り返ってみてください。

将来について親子で話し合う

子ども時代がずっと続くと勘違いしている子は一定数おり、中学生や高校生、そして大人になるのはずっと先のことと思っている子も珍しくありません。私もそう思い込んでいた子どもの一人でしたが、ご存知の通り時間は無制限ではありません。一定の年齢になれば中学生になり、高校受験をして高校に入学します。このようにあっという間に時は流れていきます。

成人年齢は少し前までは二十歳でした（現在は成人年齢は十八歳に引き下げられています）。ちょうど小学四年生からすると十年後になります。しかし、子どもの時間の感覚からすると「まだ十年」です。大人になると十年は駆け足のように走り去っていくことを知っていますが、子どもはこの「十年」がものすごく時間がかかるものだと勘違いしています。乳幼児期の記憶はハッキリしておらず、どんなに古い記憶でもたいてい三歳頃になります。それでも断片的で鮮明に「こんなことあったね」と昨日のように話をするのは年中か年長頃の思い出です。そうすると、今現在の年齢の五年ほど前になります。単純計算をすれば五年を二回繰り返せば十年になるのですが、どうも二十歳までの十年の距離感が分かりません。

小学四年生からの十年はどんな子にとっても人生を決める十年になります。子どもによっては中学受験も待ち構えています。多くの子どもにとって人生初となる高校受験を経て専門学校や大学、就職と人生を歩んでいきます。「その時になれば考えればいい」と呑気に構えている子も多いです。けれど、よく考えてみれば高校受験をするには合格できそうな高校を受験することになり、どの高校に入れそうかは中学での成績で決まります。さらに言えば、中学での成績や学力グループは小学校高学年である程度固まっています。つまり、小学四年生の子どもが「十年後なんてまだまだ先のこと」と笑い飛ばせる状況ではありません。

子どもの時代がずっと続くと勘違いしている子には、時の流れを感じさせるのが一番です。コピー用紙や不要となった紙の後ろに、今の子どもの年齢または学年を順番に書いていきます。「小学五年、小学六年、中学一年」と記し、高学年で学力グループが固定され、中学生になってから勉強を頑張って挽回しようとしても部活動などで忙しくなり学習できる時間そのものが減ることを教えましょう。とくに身近に中学生がいないと、小学校生活との違いを知らないまま進学することになります。

中学に入れば勉強時間を確保するのは難しくなり、定期テストで自分の学力レベルが数値化され、それに伴い合格できそうな高校の範囲も決まっていきます。入学できそうな高校も中学一年生の夏休み明けくらいに見えてくるようになり、たった数年先のことなのにいきなり大人のような世界に飛び込むことになります。

今の段階で「こういうことをしたい」とぼんやりとでもいいので決まっているなら、その夢を叶えられそうな進路進学を小学四年生の頃から考えていきましょう。未来への道筋を思い描くことで勉学などへの意欲が高まっていきます。**話し合いをしていく上で欠かせないのは、「将来どんな職種に就きたいか」「気になる高校はあるか」「高校卒業後はどのような進学を考えているか」という点をしっかり話すこと**です。

小学四年生には少し難しいかもしれませんが、数年先には自分の進路進学がある程度決まってしまう年齢になってしまいます。「つい最近、小学校に入ったと思っていたらもう四年生になっていた」と同じ感覚で時は流れていきます。とくに大学進学するかどうかは重要です。高校によって大学進学者の割合も違うため、もし国公立大学の理系を目指すのであれば、地域のトップ高校に入れるだけの学力を身につける必要があります。

中学校以降の進路進学は、自分の夢を語るだけでは叶えることができません。クリアできる学力を備えるために努力をしていく必要があります。時の流れは早く、小学四年生でも将来のことを真面目に考えるのは決して早すぎるわけではありません。親の真剣さが伝われば子どもも「ちゃんと勉強しないと」と感じるようになります。子どもは成長してから勝手に自分の将来を感じるわけではありません。**親が先導して、知らず知らずのうちに迫る人生の分岐点を含めて話し合いを重ねていきましょう。**

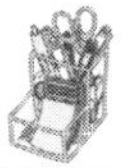

些細なことでも努力したことを褒める

承認欲求という言葉があります。インターネット上で見るその言葉はたいてい悪い意味で使われています。自己肯定感が低く、認めてもらいたいという思いが強すぎるなど心の問題として捉えられることも多々あります。子どもの成長を振り返ると認めてもらいたいの連続です。「折り紙ができた」「色塗りしたから見て」「砂でお山を作ったの。すごいでしょう」と認められたい症候群のごとく親に見てもらいたいこと、褒めてもらいたいことをアピールしてきます。すべてに対して丁寧な対応をしているのは無理ですが、たいていは「すごいね！」「よくできたね！」と声をかけると子どもは満足し、自己肯定感が高まっていきます。

成長過程や親子の会話を通じて適度に「褒められる」という経験を積んでいけば、自ずと自分のやりたい事やそれに向かって努力する気持ちが出てきます。その一方で、親から褒められることが少ない子は「親は自分が何をしても関心がない」と考えて、なかなか自己肯定感を育むことができません。学年が上がっていくと、挑戦しても失敗することを恐れて避ける傾向が強くなります。積極的に動いているクラスメイトと自分を比べて、「どうせ自分はできない」と諦め癖がついてしまいます。

親が勉強させようとしても、こうした気持ちを抱えていてはいつまで経っても勉強する意欲が湧いてきません。親のほうも「どうしてやる気がないのか」と子どもを責めるのではなく、無気力状態から脱する方法を考えるよう思考を切り替えていきましょう。子どもも大人も関係なく、人は頑張っていることを褒められると嬉しくなります。自分のことを見てくれているという嬉しさ、理解してくれる喜びが少しずつ重なっていくと「よし、やるか！」と意気込める力の源になります。意欲が思うように出てこない子はこうした力が不足している可能性があります。**決してけなさずに接していく**ようにしてください。

小学四年生の生活で努力が求められるのはいくつかあります。朝一人で起きられるかどうかや本や漫画の整理整頓、ゲームを時間内に自分から終わらせるなど家でのことから漢字テストに向けて頑張って覚えることや、図画工作の作品作りを自分なりに考えるなど、学校生活に関わるものなどがあげられます。こうした努力はとても些細なことですし、中には褒めなくても問題がないと感じる方がいても不思議ではありません。しかし、子どもは親から褒められれば嬉しくなります。たとえ態度が素っ気なくても、心の中では「自分に関心がある」と喜びます。

褒め方、声のかけ方ですがただ単に「すごいね」「頑張ったね」という一言で終わるのではなく、

「今日は起こす前に一人で起きてすごいね」や「今日持って帰ってきた作品、あの色の組み合わせは素敵だね」と**具体的な言葉で褒める**ようにしてください。私も塾で仕事をしている時、とくに学業不振の生徒に対しては褒めることを強く意識しました。彼ら彼女たちは叱られるのに慣れているため、些細な頑張りでもしっかり褒めると驚いて嬉しくなり宿題もしっかりやって来るようになる確率がかなり高くなりました。自分の身に置き換えてみれば、上司から怒られてばかりで「よし、やる気が出た！」となる人は少ないでしょう。奮起する人ばかりでなく、委縮して意欲が消えていく人もいることを忘れないでください。

褒めることを地道に続けていくなかで、これまでどんな言葉を子どもに投げかけてきたか自問自答してみましょう。意外ときつい言葉を口にしてきたことや、言わなくても分かるだろうとばかりに言葉に出していないことも多々あるはずです。「努力していると分かっているから敢えて口にしない」ですべてを理解してもらおうとするのは無理があります。**褒めるという行動の中には、これまでの親子関係の在り方を見直すきっかけ**になるものもあります。

「どうして我が子は勉強しないのだろう」と嘆くのではなく、「ちょっと最近どんなことをしているのか」と子どもを観察して、**小さなことでも「頑張っているな」と感じたことをしっかり伝える**ようにしましょう。成長していくと親との距離がどんどん広がっていき、褒めていても「嘘っぽい」と煙たがられるようになります。そうなる前に、実践してください。

親の価値観を押し付けない

　コロナ禍もあり、時代の移り変わりが激しければそれだけ昔の常識が通用しなくなってきます。親世代が小学生の頃は正規雇用、終身雇用制度が当たり前で、お母さんは専業主婦という家庭も珍しくありませんでした。今では正規雇用、非正規雇用や共働き世帯の増加と働き方も様変わりしています。不景気になれば派遣社員切り、リストラのニュースがメディアで行き交います。こうした流動的な時代の中で今の子ども達は成長しており、子どもを思うあまりに「確実に安泰な仕事に就いてほしい」と願う親がいても不思議ではありません。

　一般的に景気に左右されにくい安定した仕事といえば公務員、医師を筆頭とした医療系、取得するのが容易ではない弁護士や会計士が思い浮かびます。塾のような公教育ではないプライベートの教育関係の仕事に就いていると、「子どもを○○にさせたい」と進路進学を決めようとする親に遭遇することがあります。親のプライド、親の願望、親戚や先祖代々その職種というプレッシャーから、「この仕事以外は認めない」と小学校からそのルートに乗るよう誘導します。

　今では教育虐待や毒親という言葉が浸透していますが、子どもの考えを無視したコントロールは立派な虐待になります。しかし、はたから見ると「教育熱心で子どものために色々させている親」に映るため他人から指摘されることはなく、また、おかしいと思っても他人の家のことに口を挟むとトラブルを招くため、外部の人が介入することはほとんどないです。そのため、家庭内で子どもが追い詰められることになります。

親が先導し進路進学を決められた子どもはどうなるでしょうか。まず自分のやりたいことを考える、夢を見ることが悪いことだと思い悩んでしまいます。親の操り人形になって、自分らしさを持てなくなり勉強も「自分のため」ではなく「親のため」になってしまいます。そうなると自発的に頑張ろうという気持ちが湧いてくるのは難しいです。そして、成長していくにつれて親の言うことを大人しく聞く子ばかりではありません。激しい反抗期に突入し、家庭内が嵐のように荒れることも珍しくないです。

また、極端な話になりますが親の誘導をそのまま信じ込み「自分はなれる」と自己暗示状態になる子もいます。

例えば、医者になるにはどうすればいいのかよく理解していない小さい頃から「あなたは医者になる」と親から言われ続けた結果、学業不振でも「自分は医者になれる」と勘違いする子もいます。自分の目標ではなく親の目標なので、どのくらい勉強すればその職種に近づけられるのか冷静に自分で判断できません。結局「医者になる」と語るだけで努力できない子になり、受験で現実を知ることになります。

小学四年生になると少しずつ現実が見えてきて、幼児期の頃よりも具体的な職種を考える機会が増えてきます。**親の価値観を押し付ければ、子どもが自分で敷くはずのレールを作る機会をゴッソリ取り上げることになります。**良かれと思ってやっていることのすべてが子どものためになるとは限りません。自分のやりたいことを見つけた子は夢を叶えるために動き出します。目標に向かうエネルギーは、「こういうことをやりたい」という意志が強ければ強いほど、乗り越えようとするエネルギーが沸き上がってきます。一方、親から誘導されている子はそうしたエネルギー量も少なく、勉強への意欲が思うように出てきません。成長するにつれて「自分は何をしたいのだろうか」と自問自答を繰り返し、自分探しの旅を続けるようになります。こうなってしまうと勉強どころではないです。

反抗期や思春期の入り口である小学四年生頃からは親の価値観を押し付けるのではなく、親の経験を話して「こういう道もある」と参考になるように話かけるほうが子どもの心に響きます。一方的に「こうでなければいけない」と言われてしまえば反発心が芽生えます。親から見ればいつまでも子どもですが、子どもも成長し大人への階段を少しずつ上ろうとしている年頃です。自分らしさを発揮できる道に進めるよう、そして、その道をちゃんと見つけられるよう人生の先輩としてサポートに徹することが理想的です。

子どもの交友関係を把握している

　親子関係が良好なのかどうかは各家庭で異なりますし、「うちは良い関係」と思っていても子どもがそう感じていないこともあります。親は子どもと頻繁に会話をしているつもりでも、当たり障りのない話や親が一方的に話をしていれば、子どもが感じる「親子の会話」の質が異なるのは当たり前のことです。なんでも話してくれた幼児期そして低学年を経て、成長するに従い子どもは口数が減っていきます。これは自然なことですが、親のほうも「無口になっているし話しかけると怒られそうだからそっとしておこう」と会話を控えるようになると、そのまま親子の会話自体が永遠に減っていくことになります。

　自分自身の親との関係を振り返ってみると、小学生、中学生そして高校生になっていく過程で会話する機会が盛り返すタイミングはほぼないと思います。進路選択に関して話はしますが、全体的に親子の会話のピークは小学生の頃まででではないでしょうか。子どもが自分から話をしなくなるのを皮切りに、親子の会話は減っていき、再び幼児期のような無邪気な会話が復活することはありません。会話というものは相手と話し合いを重ねることで信頼関係を構築し、絆を強固なものにする大切な行動です。知り合ったばかりのクラスメイトと「会話」を重ねていかなければ友人にはなれません。**親子関係も同様に、お互いの理解を深めていくのに会話を重ねていくことが大切です。**

学習意欲の高い子は家庭環境が落ち着いていて、親子関係が良好です。不安定だと勉強以外のことで悩むことが増えて、机に向かっても気が散ってやる気が出てきません。成績が上がるには勉強することは不可欠ですが、心の問題も同じように重要です。子どもの交友関係を知っていることが直接子どもの成績向上につながる訳ではありません。しかし、よく会話をしていることで安定した親子関係を構築し、意欲を削ぎ落とす原因が少なくなります。子どもが悩みを抱えている時に親に相談しやすくなります。また、普段から会話をしていると子どもの異変に気がつきやすくなります。

けれど、自分は話をしているほうだと思っていても、本当によく会話をしているのか判断を下すのは難しいです。**まずは子どもの交友関係をどのくらい知っている、または把握しているか考えてみてください。**よく名前の出る友達は何人くらいいるのか数えることから始めて、同じクラスの子なのか近所の子なのか、学童保育で一緒に過ごす友達なのかそれとも習い事の友達なのかと正確に知っているかどうか考えてみましょう。友達が誰なのかもさっぱり分からないなら、それだけ子どもは親に対して自分の話をしていないことになります。

子どもは自分の話を聞いてくれる人に対して、学校での出来事を色々と話してくれます。トラブルから楽しかったことや学校の行事など多岐にわたり、その会話の中で仲の良い友達の名を何人か口にします。友達だけでなく、席の近いクラスメイトも出てくるでしょう。よく耳にする名前が全く浮かんでこないのであれば、裏を返せば子どもは表面上の会話をしていることを意味しています。大人も話をちゃんと聞いてくれない人には自分の話をしたいとは思わないです。ましてやプライベートな内容は口にしません。たとえ親子であっても、親がまともに話を聞いてくれないと判断したら、学校の話や友達のことを喋る気にはならないのが子どもの本音です。

少しずつ子どもが自分の話をしてくれるようになるには、まずは子どもの話を良く聞き、そして「クラスで一番走るのが速い子はどのくらいで走るの」「給食いつもたくさん食べる子は誰なの」と、**勉強以外のことでクラスメイトの名前が出てきそうな質問をしてみてください。**こうした些細な話題でも普段の学校の様子が分かります。そうした会話を続けていくと仲の良い子が誰なのか、どういう子なのか把握できるようになります。

ただし、せっかく話が弾んできても、テストなど学力に関する話題を聞くのは避けましょう。「お説教される」と察知して機嫌が悪くなる可能性があります。親としては「そこまで気配りしないといけないのか」と思うかもしれませんが、心の成長が著しい年齢の子どもを幼児期の子どもと同じ感覚で接してはいけません。一緒に生活している親子でも勝手に信頼関係が出来上がるわけではなく、良好な関係を作るには親の努力も必要です。

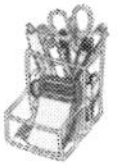

親子共通の趣味や好きなことを作る

相談相手がいると悩み事を抱えた時の大きな心の支えになります。心がモヤモヤしてスッキリしないと、勉強へ意識が向きにくくなります。悩みを解消したり、聞いてもらえたりすると晴れ晴れとした気持ちになり「また頑張るぞ」とやる気が起きます。相談する相手は学年が上がっていくと友達へと変わっていきますが、顔を合わせて話ができるのは学校の休み時間、放課後と時間が限られています。しかし、本当に悩むようなことはなかなか口に出せないのは大人も子どもも同じです。悩みを言えるかどうかは相手との信頼関係がカギを握っています。

親は生まれた時から子どものそばにいますし、一緒に生活をしているので悩みを相談したい時にいつでも話を聞いてもらえます。しかし、日頃からしっかりコミュニケーションを取っていなければ、「相談したい」「話を聞いてもらいたい」という気持ちにはなりません。親としては「いつでも悩みを聞いてあげるよ」とスタンバイしているものの、子どものほうは「親になんて相談するつもりがない」と心の行き違いをしている親子は少なくないです。

子どもが感じる相談しにくい親というのは、どういう親なのか考えていきましょう。まず、人生の先輩風を吹かせて「だからお前はダメなんだ」と否定的な言葉ばかり口にするタイプがあげられます。小さい頃は黙って聞いていても、成長すれば自分の親が高圧的な人間だということに気がつきます。そうなると話をしたくなくなり、ましてや相談事などするはずもありません。お説教が多く、自分の成功体験を自慢げに話したがる親もいけません。小学四年生頃になれば「面倒な親」と感じて、子どものほうから徐々に距離を置くようになります。また、子どもに無関心な親も相談する気になりません。

子どもは親が思う以上に親の言動を深く観察しています。十歳になれば少しずつ無条件に親を信頼するのではなく、冷静に「信頼できる親なのか」と考えるようになります。日常生活の接し方で信頼を勝ち取るには親の努力も必要です。信頼関係がある親子になれば、子どもが壁にぶつかり悩みを抱える時もそっと寄り添い、一緒に解決策を考えてくれる心強い味方になれます。成長するに従い悩みは深くなり、解決するのに時間がかかれば思うように勉強へと気持ちが向かない時がやってきます。ズルズルと引きずってしまうと、意欲低下が長引いてしまうため学業にも影響を与えてしまいます。

たとえ親だとしても、何もしなければ子どもの心が離れていくのは時間の問題です。**いざという時に頼れる存在になるには、日頃から心の交流を意識する**ようにしましょう。これから心身ともにさらに**成長していく子どもと心を通わせるには、共通の趣味や好きなことを作るのが一番取り組みやすい方法**です。子どもの好きなスポーツを一緒にやってみたり試合観戦をしたり、小説や漫画を読み合ったり、ハンドメイドに挑戦してみたりと今までの自分とは違うことに取り組んでみると、年齢関係なく子どもと同じスタートラインに立ちます。

親が経験者のジャンルだと無意識のうちに先輩風を吹かせてしまい、言動によっては子どもが嫌がる可能性もあるので、できるなら先輩風を吹かせられないジャンルがおすすめです。子どもと同じように一からスタートすれば、一緒に行動する機会が増えます。仕事が忙しくて、普段あまり会話ができていないならコミュニケーション不足を一気に解消するきっかけにもなり、親子関係改善の手助けにもなります。

親は大人なので休日と平日の過ごし方は退職するまで基本的に変わりませんが、子どもは乳幼児期、小学校低学年、中学年そして高学年でも五時限授業から六時限授業になり、中学進学後は部活動や塾でビジネスパーソンと同じような一日の過ごし方を過ごすようになります。子どもの成長に伴う平日の過ごし方の変化は小学校と中学校を境に大きく変わり、部活と塾があれば丸一日まともに会話を交わさずにその日が終わることもあるのです。私も中学生となった子ども達と会話する時間が減り、一緒にいる時は可能な限りコミュニケーションをして意思疎通を図っていきます。まだ時間的余裕のある小学四年生の頃に親子共通の趣味などを見つけ、一緒に過ごせる時間の密度を高めていきましょう。

▸第六章◂

高学年に向けて家庭で意識したいこと

小学四年生の次にはいよいよ高学年が待ち受けています。小学校六年間の最後を飾る二年間は中学に繋がるとても大切な学年です。授業で学ぶ内容もさらに難しくなり、この二年間の勉強への取り組み次第で子どもの学力グループが決定します。小学四年生とは違い、高学年として下級生をリードする「先輩」としての自覚を持つことも求められていき、責任感が芽生えてくる学年です。親として最も気がかりな学業に関しては学力グループが出来上がっていき、何もしなければそのまま中学進学後も引き継がれていきます。

危機感を持って高学年で少しでも勉強に意識を向けるようにし学力向上を目指していくには、小学四年生までに変えていくべき点を変えなければ、今いる学力グループから脱出することも難しくなります。今後ますます親の言うことを聞かなくなりますし、努力するのが面倒だと感じて楽なほうへと流されていきます。「高学年になれば自覚して焦るはず」と待っていても、何か大きなきっかけがない限り子どもから思い立って勉学に励むことはありません。

学力を大きく伸ばしていくには小学四年生だけでなく、勉強が難しくなる高学年に向けた対策も必要です。今までと同じように継続して家庭学習に取り組める子でなければ、高学年でも学校のテストで高得点を連発できません。

第六章では高学年に向けて小学四年生の今だからこそ家庭で意識したい、取り組んでほしいことを紹介していきます。学年を区切って考えることも大切ですが、小学校六年間の流れを踏まえて「我が子の学力を伸ばす方法」を考えることも必要です。とくに学力差が固定する小学四年生から高学年へと向かう時期は、子どもの学力差だけでなく「勉強に対する意識差」の違いが出てきます。

「勉強をしても意味がない」「何とかやっていける」と考える子も出てくるため、そこをいかに改善していくか対策を練る必要があります。ただ単に勉強しなさいと言うのではなく、生活の流れを見直していきましょう。

スマートフォンなどの取り扱いを話し合う

今の小学生は、乳幼児期からスマートフォンやタブレット端末で動画視聴をしている子も珍しくありません。中には親が時間を決めることも制限もしていないこともあります。そういう子にとっては、必然的に動画視聴が生活の一部になっていて時間があれば好きな動画を見てしまう癖がついてしまいます。就学すれば学校にいる間はそうしたツールに触れることはありませんが、帰宅すれば宿題や勉強に取り組むよりも前にスマートフォンやタブレット端末に飛びついてしまいます。学校からも、夏休みなどの長期休暇前にスマートフォン利用に関するルールを家庭で決めるよう促すお便りが配布されているほどです。

このように、今の子ども達は親世代の頃に比べると勉強を中断させてしまうモノ、勉強する気持ちを邪魔してしまうモノがあちこちに転がっています。スマートフォンやタブレット端末は多種多様なゲームで遊べますし、ゲーム機も持ち運んで外で友達と遊べます。こうした断ち切るのが難しい誘惑に囲まれている中で、時間を決めて自分でコントロールできる子はごくわずかでしょう。大人でも時間を決めて使用するのは簡単なことではないため、子どもならなおのこと「もう少しだけ見よう」「今日くらい大丈夫」と誘惑に負けてしまい、反省してはまた同じことを繰り返してしまいます。

子どもが使用するスマートフォンやタブレット端末にはフィルタリング機能を設定し、アプリや使用時間の管理も徹底しましょう。安全に使用すれば子どもとの連絡や居場所を把握できる便利なツールです。しかし、家庭でルールを厳格に決めていても他の家庭も同じとは限らず、使い方の違いからトラブルが発生することもあります。小学校高学年になると自分専用のスマートフォンを所持する子も増えてくるため、子どもがスマートフォンを所持していなくても友達が持っているスマートフォンで動画視聴やゲームをするだけでなく、ＳＮＳに画像が投稿される可能性もあります。個人情報が特定されそうな画像をノリで投稿されてしまえば、子どもの知らない間にインターネット上に情報が簡単に拡散されてもおかしくありません。こうしたトラブルに巻き込まれてしまえば勉強どころではないでしょう。

スマートフォン未所持のまま大人になることは考えにくい時代です。便利な反面、使い方によっては犯罪に巻き込まれる危険と隣り合わせですし、スマートフォン依存症の問題は日本だけでなく世界でも警鐘が鳴らされています。まだまだ持たせる予定がないと思っていても、子どもの交友関係の中でスマートフォンを持つ子がいつ現れてもおかしくありません。**小学校高学年にな**

る前から、スマートフォンの危険性も親子で頻繁に話し合うようにしましょう。とくに使用ルールは家庭によって異なり、友達の家がルーズだったり個人情報の取り扱いが雑だったりすることもあります。友達だから何でも許されることはなく、やめてほしいことや使用していて危険だと思うこととの線引きをきっちり決めておいてください。

私の子ども達の周囲でも、スマートフォンを起点とする様々なトラブルを耳にすることがあります。一番多いのは「憶測や噂話のような真実ではないことをメッセージアプリで流される」、または「勝手に写真を撮影し投稿された」などです。各家庭で使用に関する温度差があり、「これくらい大丈夫」と使用ルールが曖昧で子ども任せの家もあれば、「必要のないアプリはダウンロードしてはいけない」とルールをしっかり決めている家庭もあります。スマートフォンを介して様々なトラブルが発生しているので、厄介事に巻き込まれないルールを決めてください。

ＳＮＳやメッセージアプリに写真を投稿するなら撮影に入らないと親に言われているなど、家庭で決められている約束事があることを必ず伝えるよう子どもに教えましょう。「その場の空気を悪くする」と感じてノリで参加してしまい、後々トラブルが発生しないとも限りません。子どもが言いにくそうにしているなら、親のほうから「スマートフォンの使用に関してこういうルールを決めているから」と友達に伝えて釘を刺しておくのも一つの手です。

非日常体験で子どもの知的好奇心を刺激する

子どもの教育に関して、「非日常体験」「非認知能力」という言葉を耳にする機会が増えてきました。非日常体験とは字のごとく「日常とは違う経験」であり、非認知能力は「物事を最後までやり抜く力やコミュニケーション能力、思考力、判断力」などを意味しています。認知能力はテストの点数や偏差値など数値化できる学力であり、非認知能力は数値などで表せられない人間の能力という位置づけです。**子どもの成長過程ではこの二つの「非」が重要**とされています。しかし、**親が意識しないと経験を積んでいきたいタイミングを逃す**ことになります。

小学生の頃は忙しい習い事に入っていなければ休日はフリーに過ごせます。しかし中学生になると状況は一変します。土曜日と日曜日も部活動の練習や大会、塾のテストが行われるため家族みんなで出かける機会が減ります。また、思春期に入り周囲の目が気になり親と出かけるのを嫌がる子も珍しくありません。こうした理由から休日に子どもと一緒に出かけられるのも小学生までになりやすいので、積極的に普段の生活では味わえない体験をしに家族で出かけてみてください。

自然公園で体を動かしていることや、広々とした公園でシートを広げて青空の下でお弁当を食べるといった手軽にできることから、親子での共同作業をするイベントなど様々あります。とくにキャンプやバーベキューといった定番のアウトドアは、設置から食材の準備、火を起こす体験、アウトドアクッキングと親子の連係プレーが成功のカギを握っています。ＩＨ調理器具が浸透していることもあり、最近は家での料理では火を使わない、または物心ついてから火をほとんど見たことがない子も少なくありません。火は使い方によってはお湯を沸かし食材に火を通すと便利な反面、火事を引き起こす危険性も含んでいます。このようにアウトドアでの体験では子どもがあまり触れることのない火の扱い方を学ぶこともできます。

非日常体験というとアウトドアが真っ先に思い浮かびますが、インドアでも体験できる施設は数多くあります。科学館や博物館、自治体の屋内遊戯施設は天候に左右されないだけでなく、入館料も控えめで子どものいる家庭にはうれしい施設です。今の博物館などの施設は「ただ見ているだけ」という展示だけではなく、子どもが実際に体験できる工夫された展示も増えています。また小学生では資料を見て考えるという展示だけでは退屈してしまうこともあるので、体験型の展示が多い施設を選んでみましょう。科学館や博物館では、定期的に専門の先生が子ども向けの講座やイベントを開催しているところも多いです。公的機関が開催することもあり、参加費も高額になりにくいという点も魅力的なので、自治体の広報誌や公式サイト、ＳＮＳをチェックしてみてください。

アウトドア、インドアのどちらか関係なく、**いつもとは違う体験を重ねていくと子どもの自主性や協調性、話を聞いて実行することや我慢する力など非認知能力、といった社会に出てから求められるスキルを育むことができます。**こうした経験を通じて子どもは自分の興味関心がある分野が分かり、「もっと知りたい」と思うきっかけにもなります。学校と家の往復で終わる平日、ゲームや動画視聴で時間を潰してしまう休日を繰り返していると、外から刺激を受けないまま貴重な子ども時代が過ぎ去ってしまいます。休みごとにどこか遠くに出かけるのは容易ではありませんが、月一回、数カ月に一回～二回は普段の休日とは違う過ごし方を企画してみると、子どもも積極的に「こういうことをやりたい」と考えるようなります。

楽しそうなことだと普段は受け身で他人任せのところがある子でも、「こういうのはどうかな」と自分から提案するようになります。家族で一緒に意見を出し合いながら計画を立てることは、親子の絆を深めることにもなり子どもの情緒が安定します。自分で考えて行動する力は勉強や学校生活だけで伸ばすことはできませんし、子どもの非認知能力は元々の個性だけでなく家庭での過ごし方や親の考えが与える影響も少なくないです。何もせずに過ごしていると子どもの知的好奇心を育む絶好の機会を失うことにもなります。**小学生の頃、とくに将来に向けてやりたいことをより具体的に考え始める高学年までに、非日常体験を通じて非認知能力を育てていく**ようにしましょう。

本に触れさせる機会を積極的に作る

乳幼児期は読み聞かせをしていても、小学校に入ると読み聞かせもひと段落してしまう家庭が圧倒的に多いです。就学を機に本と子どもの関係は「自分から手に取って読むかどうか」に変わっていきます。それでも低学年の頃は子ども達の間で人気のある本を読み合うことや、学校の授業の一環として図書室に足を運ぶこともあり本との距離は近いままです。また、スマートフォンの浸透もあり子ども達の活字離れが問題視され、朝の学活の時間に読書タイムを設けている小学校もあります。こうした努力もあり本を読む機会はどんな子にも平等に与えられていますが、朝の10分や15分以外に本を手にして読む子は限定されています。

読書タイムは図書室から借りた本を読んだりするため、本嫌いな子は「とりあえず借りてみた」という本をサラッと読む程度です。小学三年、四年と学年が上がると本との距離感が近い子と遠くなる子に二分化します。少しでも教育に関心のある家庭であれば本好きな子であってほしいと願いますが、高学年を目前に控えて本を読まなくなる子が増えるのも事実です。親としては「本を読ませるにはどうすれば良いか」「自分から本を手にとる子になってほしい」と悩んでしまう大きな問題でもあります。

読書は文字を追うスピードや物語に描かれている登場人物や世界を想像する力を育て、語彙や知識を増やします。学校のテストの点数を直接上げるものではありません。しかし、本は子どもの興味関心のある分野を見つける時の助けになるだけでなく、勉強への意欲を高めてくれる大切なツールです。本の計り知れない影響を知っているからこそ、親は本好きな子になるよう誘導していきます。レールに乗せて親が先導してきても小学校中学年頃から自分の気持ちに従って本好きへと進む道、本とは距離を置く道と個々に歩み始めます。

少しでも本好きへと進むようにするには、親の「こういう本を読んでほしい」という願望を捨て、子どもは何が好きなのか、興味のあるジャンルをしっかり観察して図書館で「これかな」と思う本を手当たり次第に借りてきましょう。本だけでなく、好きなスポーツやアニメなどの雑誌を読むことも立派な読書になります。私も小学生の頃に野球やアニメの雑誌を図書館で大量に借りて読みました。読むか読まないかは別にして、本が置いてある環境を作っていくことは本好きな子へと近づく第一歩です。

図書館の他にも、本屋さんに親子で足を運んでみてください。書店には最新の本が並んであり、子どもに人気のある本が目立つ場所に陳列されています。子どもが友達がよく読んでいる本を見つけて「この本、面白いみたい」と手にすれば、気になる本や読みたいシリーズがあるかどうか確認できます。親が想像もしていないようなジャンルの本に興味を示すこともあります。そして、本人が読みたがっている本を一冊購入し、シリーズであれば図書館で検索して借りて「次から次へと読む」という状況を作りましょう。家に読みたい本が置いてあれば、自然と本を読む時間が増えます。

本好きな子のレールに本当に乗るかどうかは乳幼児期ではなく、小学校に入ってからが勝負になります。本好きへの道は個人個人異なり、真っすぐ小説へとステップアップする子もいれば、学習漫画を中心に読んで最終的に小説にたどり着く子もいます。難しい本を読むことが読書のゴールではありません。活字を読むのに抵抗力がある子に「世界名作大全集」といった分厚い本を渡して、本好きになるでしょうか。親はどうしても小説を読み始める子になることを求めてしまいますが、子どもは様々な本に触れながら自分に合った本を最適なタイミングで読んでいきます。焦らせてしまうと本嫌いにさせてしまうので、興味を示す本を揃えつつ様子を見守るようにしましょう。

学力向上に直接結びつけて「何とか本好きにさせる」と親が前のめりになって行動すると、裏目に出ることがあります。本を通じて知識を吸収し様々な感情が本を読んで湧き上がる経験をすることが、子どもの成長に繋がると同時に本来の読書の在り方です。自分でページをめくり、楽し気に文字を追う姿や、親の声がけが聞こえなくなるほど物語に集中するまでには紆余曲折を経てたどり着く道があります。

時間を意識した行動をするよう声がけをする

ずっと子ども時代が続くと勘違いしている子も少なくありません。実際に私も毎年夏はのんびり過ごし、永遠に「スイカやトウモロコシを食べながら、夏の甲子園やプロ野球のナイター中継を見る日々」が続くと信じていました。時間に限りがあるのを毎年夏休みの後半に痛感し、学んでいるはずなのですが「喉元過ぎれば熱さを忘れる」とばかりに進級すればすっかり忘れて、「夏休みはまだまだあるから宿題は後でする」と呑気に過ごしてはお盆が過ぎた頃に慌てて取り組むということを年中行事のように繰り返している子は今も昔もいます。

時間を意識するかどうかは別にして、どのように過ごしても時間の流れはどの子にも平等に進んでいきます。小学四年生頃になると中学進学が着実に近づいていますが、子どもにとって「中学生」という制服を着ているお兄さんお姉さんは体も顔つきも自分達とは比べ物にならないほど成長しており、どうしても「数年後の自分達の姿」と想像できないのは仕方がないのかもしれません。しかし、小学校を卒業して中学校に入ると時間の流れの速さは驚くものばかりで、のんびり過ごしていた私でさえも焦りを覚えたくらいでした。

時間を意識しないことが直接子どもに悪い影響を及ぼすことはありません。しかし、時間の大切さの認識の違いは学力差に繋がります。なぜなら、勉強をする気があっても「まだ明日があるし」とずっと先延ばしにする子は勉強する時間を減らす行動を自らしているのに対し、「今日の勉強は今日中にやる」とコツコツ取り組んでいる子は継続して学習をして知識を積み重ね、基礎学力を固めていきます。これが一日二日なら両者の差はあまりないでしょう。しかし、一週間、一カ月、二カ月、半年、一年と続いていけば埋めがたいほど差が広がっていきます。

こうした感覚は大人になっても余程のことがない限り変わりません。まだ改善の余地のある子ども時代から、時間を意識した行動ができるよう声がけしていくようにしていきましょう。私も中学生に入ってから時間の大切さを痛感し、毎日時間を決めて勉強するようになりました。努力した分だけ確実に伸びるわけではありませんが、何もしないまま時が流れていくのを待っているだけでは学力が伸びることは絶対にないです。時は無限ではなく有限で、今は小学生でも毎年進級進学を重ねて中学生、高校生になり大人の階段を上ることは誰も止められません。

親自身も経験してきたことではありますが、時間の大切さを子どもに伝えるのはとても難しいです。どうすれば子どもは時間を意識してくれるのか考えてみるようにしましょう。

参考になるか分かりませんが、私の一番上の子は時間の流れを感じるのが鈍く、動き出すのが遅い性格です。そのことに気がついたのは児童館や公園でよく遊んだ幼児期のことでした。このままでは時間通りに動く小学校生活で苦労すると考え、幼児期から生活する空間に必ず時計を置くようにしました。家の中でもよく過ごす場所には二つから三つ置き、視線を向ければ必ず時計が目に飛び込んでくる状況にしました。少しやり過ぎと思われるかもしれませんが、視線を向けたら必ず時計が目に入る環境で生活し、私も時間を意識するような声がけをさり気なくしていくことで「もうこんなに時間が過ぎた」と気がつくきっかけにもなりました。また、早い段階から時計を読めるようになったのは予想していなかったので、嬉しい副産物でした。

時間の流れをつかむ感覚は個人個人異なります。それが勝手に修正されていけばいいのですが、当の本人が「自分は他の人よりも時間を意識しない行動が多い」と自覚するのはかなり成長してからです。そこに至るまで放置しておくのは、子どもの大切な勉強時間を無駄にしていることにもなります。時間を気にしながら生きることは窮屈だと感じる人もいると思います。けれど、「中学進学」「定期テスト」「高校受験」といった人生の節目までの時間はある程度分かっています。目標に向かって勉学に励める子かどうかは直前になって決まるわけではなく、小学三年生から四年生頃に分かってきます。

我が子が時間を意識していない行動が目立つ時は時計を設置し、時間の流れを感じさせて一日の終わりに「本当なら今日中にやりたかったこと」を語り合うようにしましょう。また、**平日の学校から帰ってきてからの過ごし方、遠出しない時の休日の過ごし方を確認して時間と向き合う**ようにしてください。

字を丁寧に書くことを意識させる

２０２０年度から一気に進んだＧＩＧＡスクール構想により、公立小学校でも児童一人に対し一台ノートパソコンを利用した学びが行われるようになりました。公教育でＩＣＴ機器を使うことは、それに伴いノートに書き込む時間が減ることも意味しています。親世代の頃に比べると字を書く時間が減っていることになりますが、家庭でも同じように字を書く時間は昔に比べると増えにくい状況です。幼児期から知育アプリを愛用し、小学生になって勉強系のアプリを使用する際は指先で文字を書くことも、答えを選ぶこともできます。また、メッセージアプリで遠く離れた祖父母に簡単に連絡できるため、ハガキや手紙を書く必要もありません。

こうした状況に危機感を覚える家庭では、昔ながらの「鉛筆を持って字を書いて勉強する」というスタイルで家庭勉強をさせるようにするなど個々に対策を講じています。字を書く機会が減っているということは、子どもが自分の癖や誤字脱字に気がつきにくくなっていることも意味しています。癖字を直すのは思っている以上に時間がかかり、大変です。例えば、「０」と「６」の区別がハッキリしないという子がいるとします。単なる数字ですし、気をつければすぐに直せるかと思いきや学校のノート、宿題そして家庭学習でくまなく「0」「6」を見比べて直ってきているかどうか確認したり、その場で直させたりと手間がかかります。

実は私の末子がこのタイプで、小学一年生の頃からよくミスをしていました。その度に何度も「数字を書く時は丁寧に。合っていてもバツになる」と言い聞かせ、家庭学習の計算ドリルでも「0」「6」を見比べました。なんとかはっきり区別できるようになったのが小学三年生になってからです。本人が危機感を持っていなかったのも原因の一つですが、やはり子どもであっても一度定着してしまった癖を直すまでに時間がかかりました。

字を書く機会が減っていくと子どもの癖を見抜くことが遅くなり、そして直すのにも時間がかかります。親は字を丁寧に書くよう口にしますが、正すべきミスを見つけるのは親が担当する必要があります。子ども任せだとどうしても甘さが出ます。そして、子どもが高学年頃に癖字を直そうとすると反抗期に入った子どもと言い合いになることもあります。悪い癖を直すのを先延ばししていると良いことは一つもないので、**小学校低学年から中学年には字を丁寧に書くことの大切さを話しつつ、親が字を確認**していきましょう。

先ほど触れた「0」と「6」も考え方は合っていても、採点者が「答えは7－0なのに7－6と書いている」と判断すれば不正解になります。しかし、小学生の頃はことの重大さに気がつきません。現実問題として見逃せなくなるのは中学生になってからです。定期テストや模試で字の乱雑さのせいで減点となることが続いたら、もう笑い話では済まされません。高校受験では一点、二点で合否が決まる世界です。字のせいで減点となり不合格となってしまったら悔やんでも悔やみきれません。

字を丁寧に書くと聞くと「きれいな字を書く」と思う人も少なくありませんが、きれいさを求めるのではなく**「確実に正しい字を書くこと」が大切なポイント**です。そして、正しい字を書くことと乱雑な字を書くことの一番違う点は書くスピードです。形が崩れてしまうのは、サッサと字を書いてしまう傾向が強いからです。サッと書かずに字をしっかり書く意識を持つよう子どもに話をしましょう。そして、こうした字の書き方を直して「新しい型」が身につくようになるには時間がかかります。一回二回ですぐに変わると思わず、数カ月単位で改善していくと覚悟を決めてください。

私が塾で出会ってきた子ども達のなかでも早く書きたがる子はせっかちな子が多く、焦ってミスを連発して要らぬ間違いをしてやり直しを繰り返していました。こうしたことを何度も繰り返していると自ずと勉強するのが嫌になり、モチベーションの低下が見られました。ミスを誘発しないよう字をしっかり書くことから始めて、誤字脱字が減ってくるなど明らかに改善するまでにはどうしても時間がかかります。親としてはどうして書けないのか不思議でたまらなく、またイライラが募りやすいです。ただ、不平不満を子どもにぶつけてしまっては努力が水の泡になります。私も我慢の連続で末子の癖を修正していきました。長い目で見守りつつ字の確認をしていきましょう。

生活リズムを整える

昭和や平成初期頃に、小学校で「朝ごはんをしっかり食べましょう」と先生から指導されることも、啓蒙活動のプリントを各家庭に配布することはありませんでした。朝ごはんを食べて学校に行くというのが当然という空気感に包まれていたからです。しかし２０００年代に入り朝食抜きの子ども達の増加が問題視されたことや、２００５年に成立した食育基本法の影響から学校でも食の話を積極的に行うようになっています。朝食抜きと学力の関係性は度々指摘されており、親としては気になるところです。

朝食を食べられる時間がある子と、食べられる時間がない子との違いは起床時間だけでなく就寝時間も深く関わっています。子どもが寝る時間は乳幼児期であれば親の寝かしつけが必要です。就園している子であれば、平日の朝起きる時間は大人と同じように「この時間に起きないと登園時間に間に合わない」と決まっています。そのため、夜遅くまで起きることはできません。毎日の日課としてパジャマに着替えて歯磨きをし、トイレを済ませて布団の中に入り読み聞かせをして、眠たそうになったら部屋を暗くして眠りにつく、という一連の流れを確立して子どもが寝る時間が決まっていきます。

親にとっては自分のやりたいことなどを後回しにして、「就寝までの流れ」を作らないといけません。しかし、こうした流れを作らないと子どもは本当に眠くなるまで起きることになります。また、就学してから寝る時間を子ども任せにしていると遅くまで起きるようになり、結果として朝起きる時間も遅くなります。夜のスマートフォンやタブレット端末の使用ルールも決めておかないと、就寝時間の遅れに拍車がかかってしまうので注意が必要です。今の小学生や中学生の就寝時間は家庭の考えでかなり異なり、夜の9時頃に寝る子もいれば、11時さらには夜中の1時まで起きている小学生もいます。これでは学校に行ってしっかり授業を受けることや、体育の時間に体を動かすことができないでしょう。

小学生時代はこの生活でもなんとか送れたとしても、本来なら児童期に育てなければいけない体力を十分身につけることは難しいです。中学生の子ども達の生活を見ていると、小学生時代とは全く異なる日々を送っています。まず、中学受験をして学区外の中学に進学した子は起床時間も家を出る時間も小学生の頃より早くなります。学区の中学に進学した子も学校の授業が終わった後は部活動をし、部活動によっては帰宅時間が午後6時以降も珍しくありません。そして家に帰ってきたと思ったらすぐに塾に行く子もいます。私が塾で仕事をしている時も、大会を間近に控えた運動部に所属する生徒達が眠そうに授業を受け、問題を解いている姿を何度も見てきました。

同じ義務教育、そして小学六年生から中学一年と一つ上がるだけで朝の時間は場合によっては早くなり、そして学校が終わってからの夕方以降の過ごし方が大きくなるなど、学校生活がガラリと変わります。そうしたギャップに慣れない子も少なくないので、小学校高学年からではなく**小学四年生頃から中学進学に向け、現在の生活リズムを見直して改善すべき点を変え、体力をつけていく**ようにしましょう。学力が低迷している子のなかには毎日変則的に過ごし、寝る時間も遅くなりがちで生活リズムが不安定な子が少なからずいます。小学生の頃から夜遅くまでゲームをし、スマートフォンを操作しているのを黙認し、「中学生になればさすがに自覚が出る」と思っていても、短期間で生活を整えることは容易ではありません。無理に軌道修正すれば親に反抗をするだけでなく、暴力行為に発展することもあります。問題を先延ばしにするのではなく、思い立ったら早めに動き出してください。そして子どもに「早く寝なさい」と口にするのではなく、親自身も改められるところは改めていきましょう。

職種によっては勤務時間が不規則になることもあり、日々の就寝時間が一定しないことも珍しくありません。そういう時は子どもの生活リズムを変えていくことを優先し、勤務体制が朝夕の時の夜の過ごし方を軸に「我が家の夕方から就寝までの過ごし方」を親子で考えるようにしてください。子供は成長するにつれて寝る時間が遅くなっていきますが、明らかに同学年の子に比べて遅い時、**生活リズムが乱れている時は小学校高学年になるまでに修正**しましょう。

英語の先取り学習をする

新しい学習指導要領がスタートした２０２０年度は、小学五年生と六年生で英語が教科化されることが教育の話題の一つになるはずでした。しかし、ご存知の通りコロナ禍となり公教育の世界も大混乱となりました。教育現場が感染症対策で慌ただしい中、翌年からは中学でも学習指導要領が改訂され、中学三年間で学ぶ英単語数もそれまでの１２００語から１６００語〜１８００語に増加しました。小学校の二年間で基礎的な英語を学ぶということは、中学に入ってから学ぶ英語は親世代の頃とは違うことを意味しています。

生徒の大半が中学入学後に本格的に英語を学び、そしてアルファベットの練習から始める時代ではありません。英語に触れるのは小学校だけという子もいれば、幼児期から英会話教室、英語アプリ、オンライン教室と英語に触れてきた子もいます。このように各家庭で子どもの英語に触れるタイミングが異なります。小学生の頃から英語を学ぶ子はよほど親が外国語習得に熱心か、裕福な家庭の子というイメージが強かったのはもはや過去の話になりました。「一斉にスタート」ではなくなったため、小学校で英語の授業を受ける段階で子どもの間で英語スキルの差ができており、その差を埋めるには努力が求められます。

そして気をつけてほしいのが小学英語と中学英語の違いです。小学英語では板書スタイルではなくスピーキング、ライティングそしてリスニング中心の実践的な英語を通じて、楽しみながら学ぶという雰囲気で授業が進められていきます。小学五年生から学ぶ英語でも他の教科同様にカラーテストが行われますが、授業で習った表現を書き込むまたは選択するといったあまり難易度の高くはないテストです。漢字のように英単語練習や英単語テストも行われません。

しかし、小学校での英語の授業で600語~700語というかなりの数の語彙を学びます。これは小学校六年間で覚える漢字の1026字に比べれば少ないものの、二年間の英語の授業で触れる数と考えると今の小学校高学年の子どもは、一年間で300語~350語程度学んでいることになります。英単語テストがない分、覚えられるかどうかは家庭での英語教育に対する考えに左右されてしまいます。また、中学進学後は「600語~700語学んできた状態」で授業が進むので、語彙を覚えていない子にとってはかなりハードな内容です。

この他にも小学英語では英文法を教えるのではなく実践的な英語を学びますが、中学英語では英文法を学び英単語の暗記は当たり前という基本軸は変わらないため、両者の英語の学び方が違います。英語教育は小学校と中学校で勉強していても橋渡しが難しいほど段差があることを念頭に、小学四年生から家庭で英単語や基礎的な英文法を市販のドリルなどを購入して勉強していくようにしましょう。英語に関しては無料や有料の英語アプリが多数あり、リスニング対策も親世代の頃に比べて格段にリーズナブルにできます。英単語を覚えることと、英文法や英作文そしてリスニングを継続して取り組んでいくと、小学英語だけでなく中学英語に対応できる力をつけることが期待できます。

私自身、ゆとり教育時代に塾で仕事をしておりその当時の中学英語を知っていますが、今の中学英語は英単語数も英語表現も比べ物にならないほど難化しています。公教育で学ぶ英語のレベルが上がれば、それに伴い高校受験そして大学受験の入試問題も変わっていきます。学習指導要領改訂の中でもとくに変化が著しいのが英語です。入試問題に英語で書かれた複数の資料が出てくる思考力や読解力を問う問題が出題されても不思議ではありません。とくに幼児期や小学校低学年の頃から英語対策をやっていないという子は、小学校高学年そして中学を見据えて地道に取り組んでいかないと挽回するのに大変苦労します。

劇的に変化している英語教育を親自身の経験で「中学から本気を出せば大丈夫」と判断せず、今の英語教育の実情を理解して先取り学習をしていきましょう。算数や理科、社会のように小学校の勉強をしっかり勉強した上で中学ではさらに専門的な内容を学ぶ教科とは異なり、英語は日本語と同じく言語です。日本語の語彙力を鍛えるように、英単語を覚えて小学英語と中学英語の段差を乗り越えるよう取り組んでください。

おわりに

小学三年生と四年生は、子どもの小学校生活の中でも大きな節目の学年になります。心が成長し、親に反抗的な態度を見せ始める子もおり、早くも思春期の足音が聞こえてきます。そして「小四の壁」「十歳の壁」という言葉があるように、学校の学びも難しくなり学力差が表面化してきます。親としては就学してから、ほんの少しだけ子育てもひと段落着いたと思いきや、早くも「勉強」「学力」という中学、高校とこれから何年にもわたり悩まされる問題と対峙しなければなりません。

就学時点での学力差はとくに中間層は団子状態だったものが少しずつ広がりを見せていき、小学二年生の後半から小学三年生の頃にかけてグループが形作られ、小学三年生の頃には「勉強が得意な子」「勉強が苦手な子」が子どもたちの間で識別されるようになります。一度作られたグループから抜け出すには「努力」が求められます。そして、学年が上がれば上がるほど、その「努力」の大変さはレベルアップしていきます。脱出するには子ども本人の意志の強さ、親のサポートがなければ実現困難です。無理ゲー化する前に家庭学習への取り組み方を見直し、子どもの勉強や学力で悩まされる程度を和らげていきましょう。

また、感情的にならず建設的に子どもと家庭学習を考えることで、コミュニケーションが増えて親子の絆が深まっていきます。強がりを見せる年頃になっても、小学三年生や四年生はまだまだ親に甘えたいのです。一方的に叱るのではなく、子どもの気持ちに寄り添いながら難所である学年を乗り越えてください。

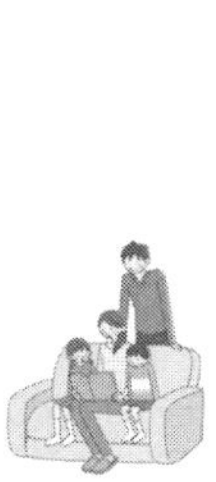

■著者プロフィール■

中山まち子

公立大学を卒業後、個別指導塾で幼児から高校生までを指導。第一子の出産を機に退職。三児の母として塾講師の経験を元に教育関連の記事をWEBメディアで執筆するほか、個人ブログ「透明教育ママ見参！！」やKindle出版、YouTubeチャンネル「元塾講師　透明教育ママ 中山まち子TV」で家庭教育に関する情報発信をしている。

小四の壁を越えろ！
ライバルが知らない勉強法

＊定価はカバーに表示してあります。

2024年2月5日　初版第1刷発行

著　者　中山まち子
編集人　清　水　智　則
発行所　エール出版社
〒101-0052　東京都千代田区神田小川町2-12
信愛ビル4F
e-mail：info@yell-books.com
電話　03(3291)0306
FAX　03(3291)0310
振替　00140－6－33914

ISBN978-4-7539-3560-4